야심만만 일본어 기초 다지기

시사일본어사

머리말

 글로벌 시대, 세계 여러 언어 구사가 자연스러워진 요즘, 특히 일본어는 우리에게 매우 친숙한 언어입니다. 한국어와 어순이 같고 표현면에서도 매우 유사한 부분이 많아 다른 외국어에 비해 공부하기 수월한 외국어라는 인식이 누구나가 일본어 학습에 도전하는 계기를 갖게 해 줍니다. 실제로 많은 사람들이 지금도 일본어 학습에 도전하고 있습니다.

 외국어 학습에서 가장 중요한 것은 무엇일까요?

 한 나라의 언어를 익히기 위해서는 그 나라 언어인 말의 규칙과 언어의 감각을 기초부터 체계적으로 익혀 가는 것이 무엇보다도 중요합니다. 그러한 학습 과정을 통해 자연스러운 의사 소통이 가능해질 수 있는 것입니다. 또한 그 나라의 문화를 다양한 관점에서 바라보고 이해하는 것도 언어 습득에 중요한 요소로 작용합니다.

 일본어는 우리말과 비슷한 구조를 가진 언어라는 점이 학습에 대한 도전과 의욕을 높여주는 것은 사실입니다만, 무엇보다도 꾸준한 학습과 반복 연습으로 이어지는 것이 중요합니다. 서두르지 말고 기초부터 탄탄히 단계별로 차근차근 익혀 자연스러운 일본어 구사 능력을 갖추어 간다면 일본어 학습에 더 큰 흥미와 자신감을 갖게 될 것입니다.

 이 교재는 대학 현장에서 다년간 일본어 교육에 종사해 온 집필자들이 그 동안의 교육 경력과 경험을 바탕으로 학습자들에게 요구되는 체계적이고 효과적인 학습 구성 내용을 담아 일본어를 쉽고 재미있게 배울 수 있도록 작성하였습니다.

 1권, 2권으로 구성된 이 교재는 각 과에서 배울 포인트 문형, 문법 노트, 연습 문제 풀이, 회화, 다양한 주제의 일본 문화 소개 등 알찬 내용으로 구성하였습니다.

 '시작이 반'이라는 말이 있습니다. 무슨 일이든 처음 도전이 어렵지만, 누구나 도전할 수 있습니다. 지금 일본어 학습에 도전해 보세요. 다른 한 나라의 언어를 습득하고 구사할 수 있다는 것은 자기 자신에게 큰 장점이 될 수 있습니다.

 이 교재를 통해서 일본어를 보다 쉽고 재미있고 흥미롭게 차근차근 배워 갈 수 있기를 바랍니다. 또한 일본어 학습에 대한 의욕과 자신감을 키워 일본어 실력이 쑥쑥 향상되기를 바라겠습니다.

저자 일동

이 책의 구성 및 사용법

일본어 초급 코스, 즐겁게 완주하기!

본 교재는 일본어 초급 학습자를 위한 교재로서 전체 2권이며, 각 권의 단원은 10과로 구성되어 있습니다. 실생활에서 자주 사용되는 기본적인 문형을 다루고 있으며, 다양한 예문과 연습 문제를 통하여 일본어 문형 활용과 회화 능력을 향상시킬 수 있도록 하였습니다.

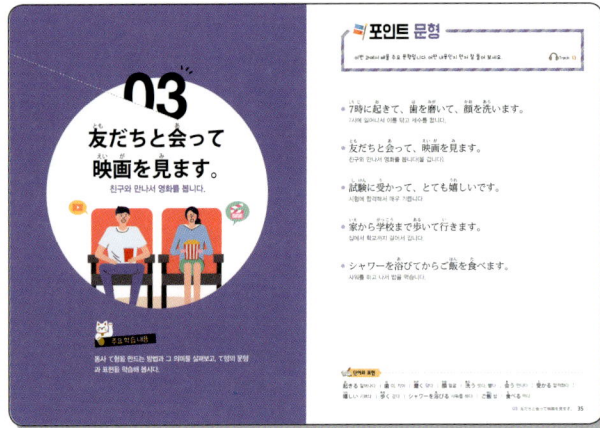

포인트 문형

학습에 들어가기에 앞서 각 과에서 배울 주요 문형을 확인할 수 있습니다. 눈과 귀로 학습할 문형을 먼저 익혀 봅시다.

문법 노트

다양한 예문과 표를 통해 주요 문형 및 문법을 학습할 수 있습니다. 주요 어휘들은 하단의 〈단어와 표현〉을 통해 확인해 봅시다.

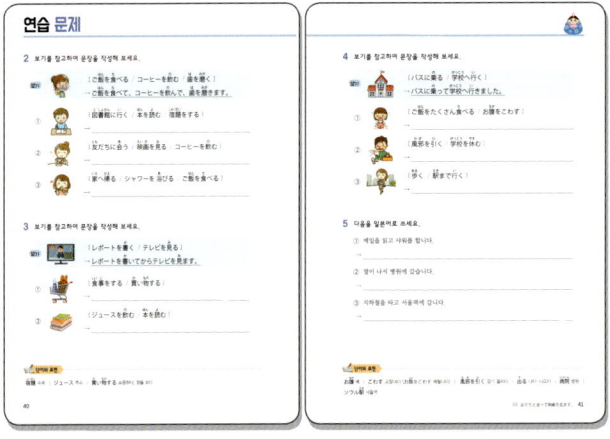

연습 문제

연습 문제를 풀며 확장된 표현들을 익힐 수 있습니다. 〈문법 노트〉에서 학습한 주요 문형을 손으로 직접 써 보며 정확하게 익혀 봅시다.

회화

학습한 문형을 이용하여 말하기 연습을 할 수 있도록 회화문이 구성되어 있습니다. 원어민의 발음과 악센트, 스피드를 잘 듣고 따라 해 봅시다.

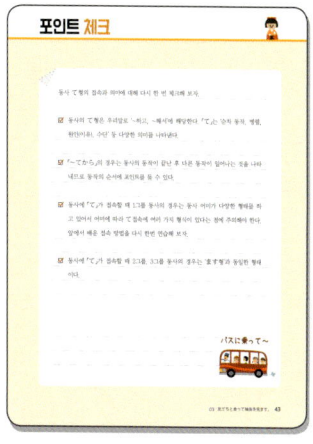

포인트 체크

각 과에서 배운 주요 학습 내용이 요약되어 있습니다. 노트의 여백을 활용해 각자 기억해야 할 내용을 메모해 봅시다.

일본어로 어떻게 표현할까요?

한눈에 들어오는 그림을 통하여 어려운 표현도 쉽고 흥미롭게 익힐 수 있습니다. 재미있는 그림을 보며 어휘력을 쑥쑥 키워 봅시다.

일본 문화 즐기기

일본에 대한 다양한 주제의 일본 문화를 소개하여 학습에 흥미를 더했습니다. 테마에 맞는 생생한 사진 자료를 보며 일본어와 일본 문화를 함께 익혀 봅시다.

차 례

01 北海道に行きたいです。　　　12
ほっかいどう
훗카이도에 가고 싶습니다.

- 학습 내용
  - 동사 ます형 + たい
  - 동사 ます형 + たくない
  - ほしい | ほしくない
  - 동사 기본형 + つもり
  - 동사 기본형 + 前に | 명사 + の前に
  - 의문사 + か (何か / だれか / どこか)

02 サッカーと野球とどちらが好きですか。　　　22
やきゅう　　　　　　　す
축구와 야구 중 어느 쪽을 좋아합니까?

- 학습 내용
  - い형용사 과거 ～かったです
  - い형용사 과거 부정 ～くありませんでした
  - な형용사 과거 ～でした
  - な형용사 과거 부정 ～ではありませんでした
  - ～と～とどちらが～ですか
  - ～より～の方が～です
  - ～の中で、～が 一番 ～ですか

03 友だちと会って映画を見ます。　　　34
とも　　　あ　えいが　み
친구와 만나서 영화를 봅니다.

- 학습 내용
  - 동사의 て형
  - ～て、～て、～ます (순차 동작, 병렬)
  - ～て (원인, 이유 / 수단, 방법)
  - ～てから

04 今、何をしていますか。　　　46
いま　なに
지금 무엇을 하고 있습니까?

- 학습 내용
  - ～ている (진행 / 상태)
  - ～てみる (시도)

05 写真を撮ってもいいですか。　　　56
しゃしん　と
사진을 찍어도 됩니까?

- 학습 내용
  - ～てもいい
  - ～てはいけない
  - ～てください
  - ～から / ～ので (원인, 이유)

06 沖縄に行ったことがありますか。 　66
오키나와에 간 적이 있습니까?

- **학습 내용**
  - 동사의 た형
  - ～たことがある(ない)
  - ～たり～たりする
  - ～たほうがいい
  - ～た＋時

07 無理しないでください。 　78
무리하지 마세요.

- **학습 내용**
  - 동사의 ない형
  - ～ないで
  - ～ないでください
  - ～なくてもいい
  - ～ないほうがいい

08 辛くないと思う。 　90
맵지 않을 거라고 생각해.

- **학습 내용**
  - 품사별 보통체와 정중체
  - 보통체 ＋ と思う
  - 보통체 ＋ と言っていました
  - 보통체 ＋ だろう

09 どんな外国語が話せますか。 　102
어떤 외국어를 말할 수 있습니까?

- **학습 내용**
  - 가능표현
  - ～れる／～られる
  - 동사 기본형 ＋ ことができる
  - 동사 기본형 ＋ ことができない

10 先生にほめられました。 　112
선생님에게 칭찬받았습니다.

- **학습 내용**
  - 수동표현
  - 기본 수동문 ｜ 기타 수동문

부록				
문법 요약 노트	124		회화 해석	133
연습 문제 정답	126		색인	136

일본어 문자와 발음 – 히라가나

일본어 학습은 히라가나부터!

일본어를 익히려면 50음도부터 외워야 한다. 가나(かな)를 5자씩 10개의 행으로 배열해 놓은 도표를 50음도라고 하는데, 현재 실제 사용되는 글자는 46자이다. 원어민 음성을 들으며 큰 소리로 따라 읽어 보자.

🎧 Track 01

히라가나 50음도표

행＼단	あ	い	う	え	お
あ	あ a	い i	う u	え e	お o
か	か ka	き ki	く ku	け ke	こ ko
さ	さ sa	し shi	す su	せ se	そ so
た	た ta	ち chi	つ tsu	て te	と to
な	な na	に ni	ぬ nu	ね ne	の no
は	は ha	ひ hi	ふ fu	へ he	ほ ho
ま	ま ma	み mi	む mu	め me	も mo
や	や ya		ゆ yu		よ yo
ら	ら ra	り ri	る ru	れ re	ろ ro
わ	わ wa				を wo
					ん n

일본어 문자와 발음 – **가타카나**

외래어는 가타카나로!

가타카나는 주로 외래어, 의성어·의태어, 강조하고 싶은 말을 표기할 때 사용한다. 가타카나는 실생활뿐만 아니라 일본의 거리 간판, 광고 등에서도 자주 접할 수 있으니 꼭 외워두자.

Track 02

가타카나 50음도표

행＼단	ア	イ	ウ	エ	オ
ア	ア a	イ i	ウ u	エ e	オ o
カ	カ ka	キ ki	ク ku	ケ ke	コ ko
サ	サ sa	シ shi	ス su	セ se	ソ so
タ	タ ta	チ chi	ツ tsu	テ te	ト to
ナ	ナ na	ニ ni	ヌ nu	ネ ne	ノ no
ハ	ハ ha	ヒ hi	フ fu	ヘ he	ホ ho
マ	マ ma	ミ mi	ム mu	メ me	モ mo
ヤ	ヤ ya		ユ yu		ヨ yo
ラ	ラ ra	リ ri	ル ru	レ re	ロ ro
ワ	ワ wa				ヲ wo
					ン n

일본어 문자와 발음 – 탁음 반탁음 요음

🎧 Track 03

が ガ [ga]	ぎ ギ [gi]	ぐ グ [gu]	げ ゲ [ge]	ご ゴ [go]
ざ ザ [za]	じ ジ [ji]	ず ズ [zu]	ぜ ゼ [ze]	ぞ ゾ [zo]
だ ダ [da]	ぢ ヂ [ji]	づ ヅ [zu]	で デ [de]	ど ド [do]
ば バ [ba]	び ビ [bi]	ぶ ブ [bu]	べ ベ [be]	ぼ ボ [bo]
ぱ パ [pa]	ぴ ピ [pi]	ぷ プ [pu]	ぺ ペ [pe]	ぽ ポ [po]

🎧 Track 04

きゃ キャ [kya]	きゅ キュ [kyu]	きょ キョ [kyo]
ぎゃ ギャ [gya]	ぎゅ ギュ [gyu]	ぎょ ギョ [gyo]
しゃ シャ [sha]	しゅ シュ [shu]	しょ ショ [sho]
じゃ ジャ [ja]	じゅ ジュ [ju]	じょ ジョ [jo]
ちゃ チャ [cha]	ちゅ チュ [chu]	ちょ チョ [cho]
にゃ ニャ [nya]	にゅ ニュ [nyu]	にょ ニョ [nyo]
ひゃ ヒャ [hya]	ひゅ ヒュ [hyu]	ひょ ヒョ [hyo]
びゃ ビャ [bya]	びゅ ビュ [byu]	びょ ビョ [byo]
ぴゃ ピャ [pya]	ぴゅ ピュ [pyu]	ぴょ ピョ [pyo]
みゃ ミャ [mya]	みゅ ミュ [myu]	みょ ミョ [myo]
りゃ リャ [rya]	りゅ リュ [ryu]	りょ リョ [ryo]

등장인물

한유나
ハン・ユナ

박소윤
パク・ソユン

이우진
イ・ウジン

김민수
キム・ミンス

사토 유리
佐藤百合
さとう ゆり

스즈키 리에
鈴木りえ
すずき

기무라 카즈오
木村一夫
き むら かず お

다나카 유
田中 雄
た なか ゆう

01

北海道に行きたいです。
ほっかいどう　い

홋카이도에 가고 싶습니다.

주요 학습 내용

동사 ~ます형을 연습하고, 희망을 나타내는 ~たい、ほしい의 다양한 희망 표현을 학습해 봅시다.

 **포인트 문형**

이번 과에서 배울 주요 문형입니다. 어떤 내용인지 먼저 잘 들어 보세요.  Track 05

- 北海道に行きたいです。
  홋카이도에 가고 싶습니다.

- 何も食べたくありません。
  아무것도 먹고 싶지 않습니다.

- 新しいパソコンがほしいです。
  새 컴퓨터를 갖고 싶습니다.

- 英語の勉強をするつもりです。
  영어 공부를 할 생각입니다.

- 事務室にだれかいますか。
  사무실에 누군가 있습니까?

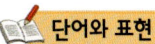 **단어와 표현**

北海道 홋카이도 | 勉強 공부 | つもり 작정, 생각 | パソコン 컴퓨터 | 事務室 사무실 | だれか 누군가

문법 노트

🎧 Track 06

① 동사ます형+たい ~고 싶다 / 동사ます형+たくない ~고 싶지 않다

- A: どこに行きたいですか。
  B: 東京に行きたいです。

- A: 昼ごはんは何が食べたいですか。
  B: 焼き肉が(を)食べたいです。   B: 何も食べたくありません。

- 今、何がしたいですか。

② ほしい 갖고 싶다, 원하다 / ほしくない 갖고 싶지 않다

- A: 誕生日プレゼントは何がほしいですか。
  B: 新しいノートパソコンがほしいです。

- 自由な時間がほしいです。

- 何もほしくありません。

> 💡 **TIP** 3인칭의 희망을 나타낼 경우
>
> ～たい는 ～たがる(-고 싶어하다), ～ほしい는 ～ほしがる(갖고 싶어하다)로 표현하며,
> ～たがっている, ～ほしがっている 의 형태로 쓴다.
> * 鈴木さんは新しいかばんをほしがっています。
> * キムさんはたこ焼きを食べたがっています。

📖 **단어와 표현**

行く 가다 | 昼ごはん 점심밥 | 食べる 먹다 | 焼き肉 야키니쿠 | 今 지금 | する 하다 | 誕生日プレゼント 생일 선물 | ほしい 원하다, 바라다, 갖고 싶다 | 新しい 새롭다 | ノートパソコン 노트북 | 自由 자유 | 時間 시간 | 何も 아무것도 | たこ焼き 다코야키

③ 동사 기본형 + つもり ~할 작정(예정)

- 週末は友だちと一緒に映画を見るつもりです。
- 冬休みに大阪へ旅行に行くつもりです。
- 日曜日は家でゆっくり休むつもりです。

④ 동사 기본형 + 前に / 명사 + の前に ~(하)기 전에

- 料理を作る前にレシピを見ます。
- レポートを出す前にもう一度内容を確認します。
- 食事の前に手を洗います。

⑤ 의문사 + か(何か / だれか / どこか) ~ㄴ가(무언가, 누군가, 어딘가)

- A: 何かほしいものがありますか。　　B: いいえ、何もありません。
- A: 事務室にだれかいますか。　　B: はい、キムさんがいます。
- A: 週末、どこか行きましたか。　　B: いいえ、どこにも行きませんでした。

단어와 표현

週末 주말 | 一緒に 함께 | 映画 영화 | 見る 보다 | 冬休み 겨울 방학 | 旅行 여행 | 日曜日 일요일 | 家 집 | ゆっくり 느긋하게, 마음 편히 | 休む 쉬다 | 料理 요리 | 作る 만들다 | レシピ 레시피 | レポート 리포트 | 出す 제출하다, 내다 | もう 또, 다시 | 一度 한번 | 内容 내용 | 確認する 확인하다

연습 문제

1 보기를 참고하여 문장을 작성해 보세요.

| 보기 | 大阪 / 行く | → 大阪に行きたいです。 |

① コーヒー / 飲む → _____

② 日本のアニメ / 見る → _____

③ 高校の友だち / 会う → _____

2 보기를 참고하여 문장을 작성해 보세요.

| 보기 | ビールを飲む | A: 何が飲みたいですか。
B: ビールが飲みたいです。 |

① かばんを買う
A: _____
B: _____

② 京都に行く
A: _____
B: _____

③ たこ焼きを食べる
A: _____
B: _____

단어와 표현

コーヒー 커피 | アニメ 애니메이션 | 高校 고등학교 | ～に会う ～을(를) 만나다 | 京都 쿄토

3 밑줄 친 부분에 알맞은 의문사를 넣어 보세요.

보기
A: かばんの中に何かありますか。
B: いいえ、何もありません。

① A: 教室に_____いますか。
　 B: いいえ、だれもいません。

② A: 夏休みに_____行きますか。
　 B: はい、日本に行きます。

③ A: _____質問がありますか。
　 B: はい、あります。ここがよくわかりません。

4 다음을 일본어로 쓰세요.

① 겨울 방학에 일본어를 배울 작정입니다.
→ _____

② 맛있는 초밥을 먹고 싶습니다.
→ _____

③ 일본인 친구를 원합니다.
→ _____

단어와 표현

教室 교실 | だれも 아무도 | 夏休み 여름 방학 | 質問 질문 | よくわかりません 잘 모르겠습니다 | 習う 배우다

회화

학교에서

 キムさん、夏休みにはどこか行きますか。

 ええ。北海道に行くつもりです。

 北海道で何がしたいですか。

 まず、ラベンダーを見に行きたいです。それから函館の夜景も見たいです。他に、何かおすすめがありますか。

 そうですね。函館は海鮮丼も有名です。とてもおいしいですよ。

 海鮮丼！いいですね。鈴木さんも一緒に行きませんか。

 私は夏休みにアルバイトをいっぱいするつもりです。新しいパソコンがほしいですから。

단어와 표현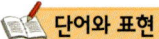

ラベンダー 라벤더 | それから 그리고, 그 다음에 | 函館 하코다테(홋카이도 남쪽의 항구 도시) | 夜景 야경
おすすめ 추천 | 海鮮丼 가이센동(해산물 덮밥) | いっぱい 가득, 많음

포인트 체크

- ☑ 희망을 나타낼 때는 '동사ます형 + たい'의 형식으로 표현하며 우리말로는 '~고 싶다'라는 뜻이다. 희망의 대상은 보통 조사 「~を」를 「~が」로 바꿔 쓰지만, 「~を食べる」와 같이 타동사인 경우, 조사 「を」 또는 「が」 모두 쓸 수 있다. 「寿司を食べたい」, 「寿司が食べたい」 두 가지 표현을 모두 사용한다.

- ☑ '何か(무언가) · だれか(누군가) · どこか(어딘가)'와 같이 「何 · だれ · どこ」 등에 의문조사 「か」를 접속해 '의문사 + か'인 형태의 의문문에서는 「はい · いいえ」로 우선 대답할 수 있다.
  だれかいますか。 → 「はい、います。」 혹은 「いいえ、いません。」

- ☑ 「ほしい」는 우리말로 '원하다, 바라다, 갖고 싶다'라는 뜻이며 기본적으로 희망의 대상은 조사 「が」를 쓴다.
  ~がほしい → ~을(를) 원하다 / 바라다, 갖고 싶다
  「ほしい」는 'い형용사'에 속하는 단어로 'ほしい(긍정), ほしくない(부정), ほしいもの(명사 수식)'와 같은 형식으로 활용한다.

- ☑ 「つもりだ」는 우리말로 '~할 생각이다, 할 작정이다'라는 뜻으로 미리 결심한 자신의 의지를 나타내는 표현이다. 따라서 상대방에게 직접적으로 묻는 형식으로는 잘 사용하지 않음에 주의해야 한다.

일본어로 어떻게 표현할까요?

계절(季節_{きせつ})과 관련 있는 말 Track 08

벚꽃놀이 花見_{はなみ}	봄바람 春風_{はるかぜ}	장마 つゆ

불꽃축제 花火大会_{はなびたいかい}	단풍놀이 紅葉狩_{もみじが}り	달구경 月見_{つきみ}

눈사람 雪_{ゆき}だるま	고드름 つらら	사계절 四季_{しき}

하나미 花見
はな み

'하나미(花見)'는 '꽃구경'이라는 뜻으로, 우리말로는 '벚꽃놀이, 벚꽃축제'에 해당하는 말이다.

일본은 긴 열도로 되어 있어서 벚꽃의 품종과 개화 시기가 지역마다 다르다. 우리나라보다 조금 이른 3월 말에 벚꽃이 만개하기 때문에 벚꽃축제도 그 즈음에 열린다. 일본의 남쪽 섬인 오키나와의 벚꽃 개화 시기는 1월이고, 최북단 지역 홋카이도는 5월경이다. 기상청에서도 3월이 되면 벚꽃 개화 시기를 발표하기 시작한다. 또한 일기예보에서도 지역별 기온차로 인한 벚꽃 개화 시기를 알려주는 '사쿠라 전선(桜前線)'을 매일 보도해 준다. 사쿠라 전선은 계절의 진행과 기후 변동을 보는 지표가 되기도 한다.

하나미를 즐기는 시기에 일본인들은 벚꽃나무 아래에서 하나미 도시락(花見弁当)과 하나미 단고(花見団子) 등의 음식을 먹으면서 벚꽃의 아름다움을 즐기며 봄을 만끽한다.

벚꽃 만개 시기는 1주일 정도로 짧아서 이 시기에 가족이나 친구, 직장 동료끼리의 친목 도모의 시간으로 활용하기도 한다. 이 시기에 하나미 명소는 그야말로 사람들로 인산인해를 이루며, 특히 직장인들은 퇴근 후 밤에 즐기는 벚꽃인 요자쿠라(夜桜)를 감상하면서 단합을 도모하기도 한다.

하나미

요자쿠라

하나미 단고

하나미 도시락

02
サッカーと野球とどちらが好きですか。

축구와 야구 중 어느 쪽을 좋아합니까?

주요 학습 내용

❶ い형용사, な형용사의 과거긍정, 과거부정형을 학습해 봅시다.
❷ 두 가지 또는 두 가지 이상의 사람, 사물, 사항의 성질을 비교하는 표현을 익혀 봅시다.

 **포인트 문형**

이번 과에서 배울 주요 문형입니다. 어떤 내용인지 먼저 잘 들어 보세요.  Track 09

- ほかの店より値段が少し高かったです。
  다른 가게보다 가격이 조금 비쌌습니다.

- 昨日はあまり寒くありませんでした。
  어제는 별로 춥지 않았습니다.

- テストはとても簡単でした。
  시험은 매우 간단했습니다.

- あの本屋の店員は親切ではありませんでした。
  저 서점의 점원은 친절하지 않았습니다.

- サッカーと野球とどちらが好きですか。
  축구와 야구 중 어느 쪽을 좋아합니까?

- クラスの中で、誰が一番背が高いですか。
  반에서 누가 제일 키가 큽니까?

단어와 표현

ほか 다른 것, ~외 | 店 가게 | ~より ~보다 | 値段 가격 | 少し 조금 | 高い 비싸다 | 寒い 춥다 | テスト 시험 | とても 매우 | 簡単だ 간단하다 | 本屋 서점 | 店員 점원 | 親切だ 친절하다 | サッカー 축구 | 野球 야구 | クラス 학급, 반 | 一番 가장, 제일 | 背が高い 키가 크다

문법 노트

 Track 10

① い형용사 어간 + かったです ~었습니다
い형용사 어간 + くありませんでした ~지 않았습니다
 (= くなかったです)

- 去年の夏はとても暑かったです。
- 日本語の試験はあまり難しくありませんでした。簡単でした。
- A: あのレストランのピザはどうでしたか。
  B: とてもおいしかったです。でも、ほかの店より値段が少し高かったです。

TIP いい는 과거형, 과거부정형일 경우 よい로 활용해야 함에 주의!
昨日は天気がよかったです。↔ 昨日は天気がよくありませんでした。
　　　　　　　　　　　　　　　　　(= よくなかったです。)

② な형용사 어간 + でした ~었습니다
な형용사 어간 + ではありませんでした ~지 않았습니다
 (= ではなかったです)

- 高校の時は、スポーツの中で野球が一番好きでした。
- キムさんの部屋はきれいでは(じゃ)ありませんでした。
- A: 日曜日は、暇でしたか。
  B: いいえ、暇じゃなかったです。忙しかったです。

단어와 표현

去年 작년 | 夏 여름 | 試験 시험 | 難しい 어렵다 | レストラン 레스토랑 | ピザ 피자 | どうでしたか 어땠어요? | おいしい 맛있다 | 天気 날씨 | いい(=よい) 좋다 | 時 때 | ~中で ~중에서 | 好きだ 좋아하다 | 部屋 방 | きれいだ 깨끗하다, 예쁘다 | 暇だ 한가하다 | 忙しい 바쁘다

3 ～と～とどちらが～ですか ～와(과) ～와(과) 어느 쪽이 ～입니까?
（～より）～の方が～です （～보다） ～쪽이 ～입니다

- A: りんごとバナナとどちらがおいしいですか。
  B: バナナよりりんごの方がおいしいです。

- A: 地下鉄とバスとどちらが便利ですか。
  B: バスより地下鉄の方が便利です。
  B: どちらも便利です。 /　どちらも便利ではありません。

- A: 赤いシャツと黄色いシャツとどちらがいいですか。
  B: 赤いシャツの方がいいです。

4 ～の中で、의문사が(一番)～ですか ～중에서 ～가/을 (가장) ～입니까?

- A: スポーツの中で、何が一番上手ですか。
  B: サッカーです。

- A: 季節の中で、いつが一番好きですか。
  B: 冬が一番好きです。

- A: 日本の食べ物の中で、何がおいしいですか。
  B: みそラーメンとてんぷらがおいしいです。

단어와 표현

りんご 사과 ｜ バナナ 바나나 ｜ ～方 쪽, 편 ｜ 地下鉄 지하철 ｜ バス 버스 ｜ 便利だ 편리하다 ｜ 赤い 빨갛다 ｜ 黄色い 노랗다 ｜ シャツ 셔츠 ｜ 季節 계절 ｜ いつ 언제 ｜ 冬 겨울 ｜ 食べ物 음식, 먹을 것 ｜ みそラーメン 미소라멘 ｜ てんぷら 튀김

연습 문제

1 보기를 참고하여 문장을 작성해 보세요.

> 보기
>
> [先週 / 忙しい]
>
> A: 先週は忙しかったですか。
> B: はい、忙しかったです。
> B: いいえ、忙しくありませんでした。

① [テスト / 難しい]

A: _____
B: はい、_____

② [その人 / 背が高い]

A: _____
B: いいえ、_____

③ [パーティー / 楽しい]

A: _____
B: はい、_____

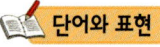 단어와 표현

先週 지난주 | パーティー 파티 | 楽しい 즐겁다

2 보기를 참고하여 문장을 작성해 보세요.

보기
[その街 / にぎやかだ]
A: その街はにぎやかでしたか。
B: はい、にぎやかでした。
B: いいえ、にぎやかではありませんでした。

[その学生 / 真面目だ]

① A: _____
B: はい、_____

[あの歌手 / 有名だ]

② A: _____
B: いいえ、_____

[鈴木さんのお姉さん / 元気だ]

③ A: _____
B: はい、_____

 **단어와 표현**

街 거리 | にぎやかだ 북적이다, 번화하다 | 真面目だ 착실하다, 성실하다 | 歌手 가수 | 有名だ 유명하다 | お姉さん 누나, 언니 | 元気だ 건강하다, 활기차다

02 サッカーと野球とどちらが好きですか。 **27**

연습 문제

3 보기를 참고하여 문장을 작성해 보세요.

보기

[アニメ / 漫画(まんが) / 面白(おもしろ)い]

A: アニメと漫画(まんが)とどちらが面白(おもしろ)いですか。
B: 漫画(まんが)よりアニメの方(ほう)が面白(おもしろ)いです。

① [英語(えいご) / 日本語(にほんご) / 難(むずか)しい]

A: _____
B: _____

② [犬(いぬ) / 猫(ねこ) / 好(す)きだ]

A: _____
B: _____

보기

[季節(きせつ) / いつ / 好(す)き → 春(はる)]

A: 季節(きせつ)の中(なか)でいつが一番(いちばん)好(す)きですか。
B: 春(はる)が一番(いちばん)好(す)きです。

③ [果物(くだもの) / 何(なに) / 好(す)きだ → いちご]

A: _____
B: _____

④ [兄弟(きょうだい) / だれ / 面白(おもしろ)い → 妹(いもうと)]

A: _____
B: _____

단어와 표현

漫画(まんが) 만화 | 面白(おもしろ)い 재미있다 | 春(はる) 봄 | いちご 딸기 | 兄弟(きょうだい) 형제 | 妹(いもうと) 여동생

4 다음을 일본어로 쓰세요.

① 어제 날씨는 정말 좋았습니다.

→ _____

② 그 도서관은 별로 조용하지 않았습니다.

→ _____

③ 색 중에서 파란색을 가장 좋아합니다.

→ _____

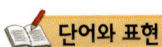

色(いろ) 색, 색깔 | **青色**(あおいろ) 파란색

회화

백화점에서 🎧 Track 11

パク: さっきのお店のスパゲッティ、どうでしたか。

木村: とってもおいしかったです。店員さんも親切でしたね。またい行きたいです。

パク: あ、あそこに帽子売り場がありますね。ちょっと見ませんか。

木村: いいですね。わぁ、かわいい帽子がいっぱい。色もデザインもいろいろありますね。1つ買いたいです。

パク: どの色が一番好きですか。

木村: 私は青が一番好きです。この帽子とあの帽子、どちらが私に似合いますか。

パク: うーん、そうですね。あの帽子の方がいいです。

木村: じゃ、あれにします。

단어와 표현

さっき 아까 | スパゲッティ 스파게티 | 帽子 모자 | 売り場 매장 | デザイン 디자인 | いろいろ 여러 가지 | 買う 사다 | 青 파랑 | 似合う 어울리다 | ～にする ～(으)로 하다

포인트 체크

- [x] い형용사의 과거형은 어미 「い」를 「かった」로 바꾸고, 과거부정형은 「～くなかった」로 바꾼다. 정중형은 뒤에 「です」를 접속해서 「～かったです」, 「～くなかったです」로 표현한다. 특히 과거부정형은 「～くありませんでした」라고도 말할 수 있다.

  - おいしいです → おいしかったです
  - おいしくないです → おいしくなかったです
    　　　　　　　　　　(おいしくありませんでした)

- [x] な형용사는 명사성을 갖는 품사이므로 과거형, 과거부정형은 명사의 과거형, 과거부정형과 동일한 형태이다.

  - 親切(しんせつ)です → 親切でした
  - 親切ではないです → 親切ではなかったです
    　　　　　　　　　　(親切ではありませんでした)

- [x] 두 가지, 또는 두 가지 이상을 비교하여 묻고 대답하는 표현을 다시 한번 확인하자.

  - AとBとどちらが～ですか。
  - AよりBの方(ほう)が～です。(Aの方がBより～です。)
  - ～の中(なか)で～が一番(いちばん)～です。

おいしくなかった…

일본어로 어떻게 표현할까요?

무슨 색(色)을 좋아해요?

Track 12

빨간색입니다 あか 赤です 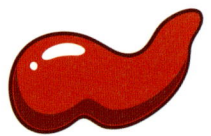	**파란색입니다** あお 青です 	**녹색입니다** みどり 緑です 
노란색입니다 き いろ 黄色です 	**보라색입니다** むらさき 紫 です 	**핑크색입니다** ピンクです 
갈색입니다 ちゃ いろ 茶色です 	**흰색입니다** しろ 白です 	**검정색입니다** くろ 黒です 

일본문화 즐기기

젓가락 예절 お箸のマナー

일본의 주요 식사 도구는 젓가락이다. 젓가락은 일본어로 하시(箸)라고 한다. 일본인들은 밥, 국, 반찬을 먹을 때 모두 젓가락을 사용하며, 카레나 스프 등을 먹는 경우에는 숟가락(さじ)을 사용한다. 젓가락은 나무 재질로 된 끝이 뾰족한 형태인데, 가정에서도 각자 정해진 젓가락을 사용하는 것이 습관화되어 있다. 식사 시 젓가락은 젓가락 받침대인 하시오키(箸置)에 가로로 걸쳐 놓는다.

일본에서의 식사 예절은 젓가락 사용에서 시작된다고 할 수 있을 정도로 어릴 때부터 올바른 젓가락 사용법을 가르친다. 일본에서 식사할 때 다음과 같은 젓가락 사용은 예의에 어긋나는 행동이니 주의해야 한다.

 握り箸 (にぎる 쥐다, 잡다)
젓가락을 쥔 채로 그릇을 잡거나 움직임.

 渡箸 (わたす 건네다, 걸치다)
밥공기에 젓가락을 걸쳐 놓음.

 刺し箸 (さす 찌르다)
음식을 젓가락으로 찍어 먹음.
(유사 표현: 突き箸)

 迷い箸 (まよう 망설이다, 주저하다)
무엇을 먹을지 젓가락을 든 채 망설임.

 探り箸 (さぐる 뒤지다)
젓가락으로 음식을 뒤적거림.

 ねぶり箸 (ねぶる 핥다, 빨다)
젓가락을 입에 넣고 핥음.

 寄せ箸 (よせる 옆으로 대다)
젓가락으로 그릇을 끌어당김.

 涙箸 (なみだ 눈물)
젓가락으로 음식을 집을 때 국물 등을 흘림.

03

友^{とも}だちと会^あって映^{えい}画^がを見^みます。

친구와 만나서 영화를 봅니다.

주요 학습 내용

동사 て형을 만드는 방법과 그 의미를 살펴보고, て형의 문형과 표현을 학습해 봅시다.

 포인트 문형

이번 과에서 배울 주요 문형입니다. 어떤 내용인지 먼저 잘 들어 보세요.　　Track 13

- 7時に起きて、歯を磨いて、顔を洗います。
  7시에 일어나서 이를 닦고 세수를 합니다.

- 友だちと会って、映画を見ます。
  친구와 만나서 영화를 봅니다(볼 겁니다).

- 試験に受かって、とても嬉しいです。
  시험에 합격해서 매우 기쁩니다.

- 家から学校まで歩いて行きます。
  집에서 학교까지 걸어서 갑니다.

- シャワーを浴びてからご飯を食べます。
  샤워를 하고 나서 밥을 먹습니다.

단어와 표현

起きる 일어나다 | 歯 이, 치아 | 磨く 닦다 | 顔 얼굴 | 洗う 씻다, 빨다 | 会う 만나다 | 受かる 합격하다 |
嬉しい 기쁘다 | 歩く 걷다 | シャワーを浴びる 샤워를 하다 | ご飯 밥 | 食べる 먹다

문법 노트

 Track 14

① 동사의 て형 ~하고, ~해서

동사의 종류	기본형		~て형 만들기	
1그룹 (=5단동사)	書く 쓰다	く → いて	書いて 쓰고, 써서	
	泳ぐ 수영하다	ぐ → いで	泳いで 수영하고, 수영해서	
	会う 만나다	う ┐	会って 만나고, 만나서	
	待つ 기다리다	つ ├ → って	待って 기다리고, 기다려서	
	帰る 돌아가(오)다	る ┘	帰って 돌아가(오)고, 돌아가(와)서	
	死ぬ 죽다	ぬ ┐	死んで 죽고, 죽어서	
	遊ぶ 놀다	ぶ ├ → んで	遊んで 놀고, 놀아서	
	読む 읽다	む ┘	読んで 읽고, 읽어서	
	話す 이야기하다	す → して	話して 이야기하고, 이야기해서	
	*行く 가다	く → って 〈예외〉	行って 가고, 가서	
2그룹 (=1단동사)	見る 보다	る를 떼어내고 て 접속	見て 보고, 봐서	
	起きる 일어나다		起きて 일어나고, 일어나서	
	食べる 먹다		食べて 먹고, 먹어서	
	寝る 자다		寝て 자고, 자서	
3그룹 (불규칙동사)	する 하다	불규칙 동사는 ます형과 て형이 동일	して 하고, 해서	
	来る 오다		来て 오고, 와서	

② ～て、～て、～ます ~고 ~고 ~합니다 순차 동작, 병렬

- 歯を磨いて、顔を洗います。
- 朝ごはんを食べて、学校へ 行きます。
- 姉は料理を作って、妹は掃除をします。

③ ～て ~해서, ~니까, ~때문에 원인, 이유

- 今日は熱があって、学校を休みました。
- 昨日お酒を飲みすぎて、頭が痛いです。
- 疲れて、何もできません。

단어와 표현

朝ごはん 아침밥 | 学校 학교 | 姉 언니, 누나 | 掃除 청소 | 熱 열 | お酒 술 | 飲みすぎる 과음하다 |
頭 머리 | 痛い 아프다 | 疲れる 지치다, 피곤하다 | 何も 아무것도 | できる 할 수 있다

문법 노트

🎧 Track 15

④ ～て ～고, ～서 수단, 방법

- バスに乗って会社へ行きます。
- 家まで歩いて帰りました。
- 紙を折って紙飛行機を作ります。

⑤ ～てから ～고 나서

- 毎晩、メールを確認してから寝ます。
- レポートを書いてから友だちと遊びました。
- A: 食事をしてから何をしましたか。
  B: 家族と映画を見ました。

단어와 표현

紙 종이 | 折る 접다 | 紙飛行機 종이 비행기 | 毎晩 매일 밤 | メール 메일 | 確認 확인 | 遊ぶ 놀다 | 食事 식사 | 家族 가족

연습 문제

1 동사의 ます형과 て형을 적어 보세요.

기본형	ます형	て형
買う 사다	買います	買って
聞く 듣다, 묻다		
話す 이야기하다		
帰る 돌아가(오)다		
洗う 씻다		
飛ぶ 날다		
読む 읽다		
乗る 타다		
遊ぶ 놀다		
書く 쓰다, 적다		
降る (비·눈) 내리다		
入る 들어가(오)다		
来る 오다		
立つ 서다		
する 하다		
会う 만나다		
飲む 마시다		
走る 달리다		
ある (사물·식물) 있다		
いる (사람·동물) 있다		

연습 문제

2 보기를 참고하여 문장을 작성해 보세요.

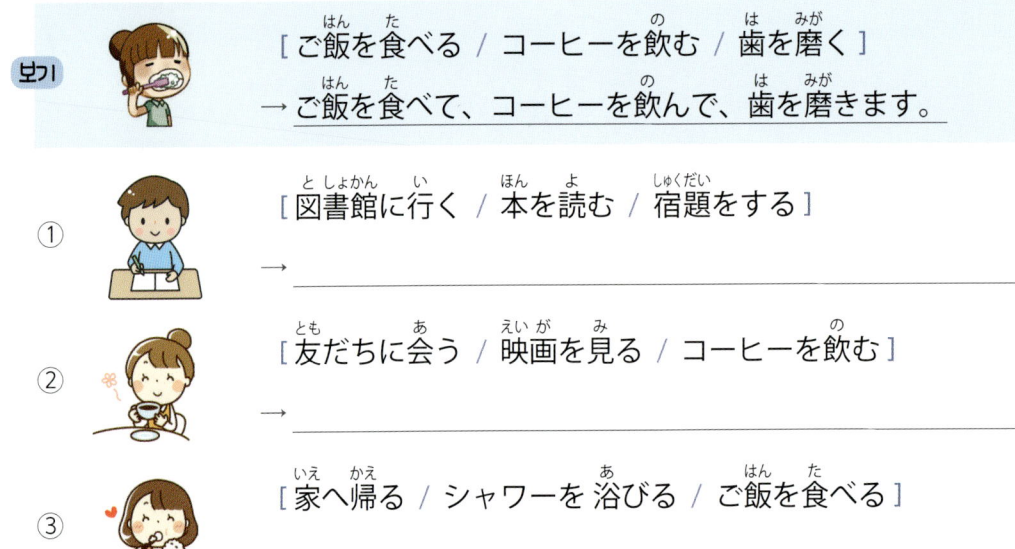

보기
[ご飯を食べる / コーヒーを飲む / 歯を磨く]
→ ご飯を食べて、コーヒーを飲んで、歯を磨きます。

① [図書館に行く / 本を読む / 宿題をする]
→ _____

② [友だちに会う / 映画を見る / コーヒーを飲む]
→ _____

③ [家へ帰る / シャワーを浴びる / ご飯を食べる]
→ _____

3 보기를 참고하여 문장을 작성해 보세요.

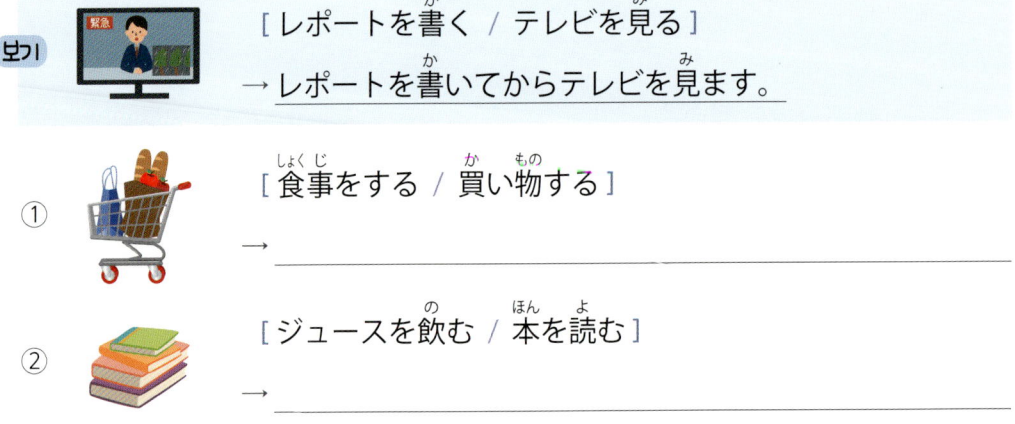

보기
[レポートを書く / テレビを見る]
→ レポートを書いてからテレビを見ます。

① [食事をする / 買い物する]
→ _____

② [ジュースを飲む / 本を読む]
→ _____

단어와 표현

宿題 숙제 | ジュース 주스 | 買い物する 쇼핑하다, 장을 보다

4 보기를 참고하여 문장을 작성해 보세요.

보기 [バスに乗る / 学校へ行く]
→ バスに乗って学校へ行きました。

① [ご飯をたくさん食べる / お腹をこわす]
→ _____

② [風邪を引く / 学校を休む]
→ _____

③ [歩く / 駅まで行く]
→ _____

5 다음을 일본어로 쓰세요.

① 메일을 읽고 샤워를 합니다.
→ _____

② 열이 나서 병원에 갔습니다.
→ _____

③ 지하철을 타고 서울역에 갑니다.
→ _____

단어와 표현

お腹 배 | こわす 고장내다 (お腹をこわす 배탈나다) | 風邪を引く 감기 걸리다 | 出る 나다, 나오다 | 病院 병원 | ソウル駅 서울역

회화

강의실에서 🎧 Track 16

佐藤: イさん、今度の土曜日は何をしますか。

イ: 友だちと会って、デパートで買い物して、映画を見ます。

佐藤: いいですね。デパートまでは何で行きますか。

イ: 近いですから、歩いて行きます。
佐藤さんは土曜日、何をしますか。

佐藤: 私は最近忙しくて、久しぶりにゆっくり休むつもりです。

イ: そうですか。来週は一緒に食事でもしませんか。

佐藤: いいですね。楽しみにしています。

📖 **단어와 표현**

今度 이번, 다음 | 土曜日 토요일 | デパート 백화점 | 何で 무엇으로 | 近い 가깝다 | 〜から 〜라서, 〜기 때문에 |
最近 요즘, 최근 | 忙しい 바쁘다 | 久しぶりに 오랜만에 | ゆっくり 느긋하게 | 来週 다음 주 | 〜でも 〜라도 |
楽しみにする 기대하다

포인트 체크

동사 て형의 접속과 의미에 대해 다시 한 번 체크해 보자.

☑ 동사의 て형은 우리말로 '~하고, ~해서'에 해당한다. 「て」는 '순차 동작, 병렬, 원인(이유), 수단' 등 다양한 의미를 나타낸다.

☑ 「~てから」의 경우는 동사의 동작이 끝난 후 다른 동작이 일어나는 것을 나타내므로 동작의 순서에 포인트를 둘 수 있다.

☑ 동사에 「て」가 접속할 때 1그룹 동사의 경우는 동사 어미가 다양한 형태를 하고 있어서 어미에 따라 て접속에 여러 가지 형식이 있다는 점에 주의해야 한다. 앞에서 배운 접속 방법을 다시 한번 연습해 보자.

☑ 동사에 「て」가 접속할 때 2그룹, 3그룹 동사의 경우는 'ます형'과 동일한 형태이다.

일본어로 어떻게 표현할까요?

자주 가는 장소(場所)

편의점 コンビニ 	약국 やっきょく 薬局 	은행 ぎんこう 銀行 
백화점 デパート 	우체국 ゆうびんきょく 郵便局 	영화관 えいがかん 映画館 
카페 カフェ 	술집 いざかや 居酒屋 	공원 こうえん 公園 

일본 문화 즐기기

우동 うどん

우동은 일본 면 요리의 대표적인 음식이다.

우동은 지역에 따라 조리법과 재료가 다르고 다양한 종류가 있으며, 국물 맛도 간토(関東 かんとう) 지방과 간사이(関西 かんさい) 지방에 다소 차이가 있다. 간토 지방의 우동 국물은 진한 간장에 미림, 가다랑이포, 다시마, 설탕 등을 가미해 우려내 진한 국물 맛이 나는 것이 특징이다. 반면, 간사이 지방의 우동 국물은 다시마, 가다랑이포, 멸치, 표고버섯 등으로 우려내 연하고 담백한 국물 맛이 난다.

일본 우동 종류에는 다음과 같은 것들이 있다.

1. きつねうどん : 유부를 얹은 우동
2. たぬきうどん : 튀김 부스러기를 얹은 우동
3. つきみうどん : 우동 위에 날계란을 얹은 우동
4. かまあげうどん : 삶은 우동 면과 국물이 따로 나오는 우동
5. にこみうどん : 냄비 우동
6. やきうどん : 볶음 우동
7. ひやしうどん : 삶은 면을 차가운 우동 국물에 담가 먹는 우동

04

今<ruby>(いま)</ruby>、何<ruby>(なに)</ruby>を していますか。

지금 무엇을 하고 있습니까?

주요 학습 내용

동사 ~ている 문형의 다양한 의미와 표현을 익혀 봅시다.

 **포인트 문형**

이번 과에서 배울 주요 문형입니다. 어떤 내용인지 먼저 잘 들어 보세요.  Track 18

- A 今、何をしていますか。
  지금 무엇을 하고 있습니까?

  B 絵を描いています。
  그림을 그리고 있습니다.

- あそこに財布が落ちています。
  저기에 지갑이 떨어져 있습니다.

- 私は父に似ています。
  나는 아버지를 닮았습니다.

- 毎朝、30分ぐらいジョギングをしています。
  매일 아침, 30분 정도 조깅을 하고 있습니다.

- そのことについては私も一度考えてみます。
  그것에 대해서는 저도 한번 생각해 보겠습니다.

단어와 표현

絵 그림 | 描く 그리다 | 財布 지갑 | 落ちる 떨어지다 | 父 아버지 | 似る 닮다 | 毎朝 매일 아침 | ~ぐらい
~정도 | ジョギング 조깅 | こと 일, 것 | ~について ~에 대해서 | 一度 한번 | 考える 생각하다

문법 노트

🎧 Track 19

① ～ている ～고 있다 진행

🔔 **동작의 진행**

- 鈴木さんはうどんを食べています。
- 姉は今、台所で料理を作っています。
- A: イさん、昨日の３時ごろは何をしていましたか。
  B: 図書館で勉強していました。

🔔 **습관, 반복**

- 毎日、１時間運動しています。
- 毎週、山に登っています。
- 毎年一度は旅行に行っています。

② ～ている ～아(어) 있다 상태

- あそこに本が落ちています。
- 桜の花がきれいに咲いています。
- ハンさんはピンクのブラウスを着て、白いスカートをはいています。
- 妹はやせています。

📖 **단어와 표현**

台所 부엌 | 毎日 매일 | 運動する 운동하다 | 毎週 매주 | 山 산 | 登る 오르다, 올라가다 | 毎年 매년 | 桜の花 벚꽃 | きれいに 예쁘게 | 咲く 피다 | ピンク 핑크(색) | ブラウス 블라우스 | 着る 입다 | 白い 흰색 | スカート 스커트 | はく (하의) 입다 | やせる 살이 빠지다, 여위다

> **TIP** 다음 동사들은 항상 '~ている'형으로 써야 한다.
> 〈似る, 住む, 知る, 結婚する 등〉

- A: キムさんはだれに似ていますか。
  B: 私は母に似ています。 / B: だれにも似ていません。

- パクさんは大学の近くに住んでいます。

- A: イさんの電話番号を知っていますか。
  B: はい、知っています。 / B: いいえ、知りません。

- A: あの人は結婚していますか。
  B: はい、しています。 / B: いいえ、していません。

3 ～てみる ~해 보다 시도

- 今年は新しいことにチャレンジしてみます。
- 日本の温泉に行ってみたいです。
- いろいろな韓国料理を食べてみました。

단어와 표현

住む 살다 | 知る 알다 | 結婚する 결혼하다 | 母 엄마, 어머니 | 近く 근처, 부근 | 電話番号 전화번호 | 人 사람 | まだ 아직 | 今年 올해 | 新しい 새롭다 | チャレンジ 도전, 챌린지 | 温泉 온천 | 韓国料理 한국 요리

04 今、何をしていますか。 49

연습 문제

1 보기를 참고하여 문장을 작성해 보세요.

보기  [本を読む]
今、何をしていますか。 → 本を読んでいます。

①  [コーヒーを飲む]
今、何をしていますか。 → _____

②  [友だちと話す]
今、何をしていますか。 → _____

③  [日本語の復習をする]
今、何をしていますか。 → _____

2 보기를 참고하여 문장을 작성해 보세요.

보기  [赤いシャツを着る] → 赤いシャツを着ています。

①  [窓が開く] → _____

②  [眼鏡をかける] → _____

③  [帽子をかぶる] → _____

3 보기를 참고하여 묻고 대답해 보세요.

> 보기
> [ソウルに住む]
> A: ソウルに住んでいますか。　　B: いいえ、住んでいません。

① [お母さんに似る]
A: _____　B: いいえ、_____

② [田中さんのメールアドレスを知る]
A: _____　B: はい、_____

③ [イさんは結婚する]
A: _____　B: はい、_____

4 다음을 일본어로 쓰세요.

① 지금 방에서 공부하고 있습니다.
→ _____

② 매일 1시간 정도 운동합니다.
→ _____

③ 벚꽃이 피어 있습니다.
→ _____

단어와 표현

読む 읽다 | 飲む 마시다 | 話す 이야기하다 | 復習 복습 | 窓 창문 | 開く 열리다 | 眼鏡 안경 | かける (안경을) 쓰다 | 帽子 모자 | かぶる 쓰다 | お母さん 어머니 | メールアドレス 메일 주소

회화

공원에서 🎧 Track 20

ハン
この公園は花がたくさん咲いていてとてもきれいですね。

田中
はい、私の好きな公園です。私は毎朝ここで散歩しています。
今日は日曜日でいつもより人が多いです。

ハン
あ、あの人は花の絵を描いていますね。

田中
本当だ、すごく上手。となりの人は花の写真を撮っていますよ。
みんなそれぞれ楽しんでいますね。
ところで、ハンさんはこの花の名前を知っていますか。

ハン
もちろんです。サクラですよね。

田中
いいえ、ちがいます。サクラに似ていますが、これはモモの花です。
サクラよりもっと早く咲きます。

ハン
へえ、知りませんでした。
きれいですね。

단어와 표현

公園 공원 | 花 꽃 | 散歩する 산책하다 | いつも 언제나, 늘 | 多い 많다 | 本当だ 정말이다 | すごく 굉장히, 몹시 | 上手だ 능숙하다 | 写真 사진 | 撮る 찍다 | みんな 모두 | それぞれ 제각기, 각자 | 楽しむ 즐기다 | ところで 그런데 | 名前 이름 | もちろん 물론 | ちがう 틀리다 | モモ 복숭아 | もっと 좀 더 | 早く 일찍, 빨리

포인트 체크

동사 ~ている형의 여러 가지 의미와 표현을 다시 한 번 확인해 보자.

☑ ~ている형의 의미는 크게 '진행'과 '상태'로 나뉜다.

☑ '진행'의 의미를 나타내는 문형에는 '동작의 진행, 습관·반복, 경험'의 의미를 갖는 표현들이 있다.

☑ '상태'의 의미를 나타내는 문형에는 '단순한 상태'와 '동작의 결과에 따른 상태'의 의미를 갖는 표현들이 있다.

☑ 항상 ~ている형으로 써야 하는 동사가 있다.
「似る, 住む, 知る, 結婚する」 등의 동사가 이에 속한다.

일본어로 어떻게 표현할까요?

집안 일(家事) Track 21

밥을 짓다 ご飯をたく 	요리를 만들다 料理を作る 	설거지를 하다 皿洗いをする 
청소기를 돌리다 掃除機をかける 	빨래를 하다 洗濯をする 	다림질을 하다 アイロンをかける 
반려동물에게 먹이를 주다 ペットに餌をやる 	쓰레기를 버리다 ゴミを捨てる 	장을 보다 買い物をする 

우키요에 浮世絵

우키요에(浮世絵)는 일본 에도시대(江戸時代)를 대표하는 예술의 하나로 지금도 일본 미술을 대표하는 이미지로서의 역할을 하고 있다.

우키요에라는 말은 '浮き世(덧없는 세상, 속세, 현실) + 絵(그림)'라는 의미로 풀이된다. 우키요에는 에도시대의 세속적인 풍속, 유녀, 연극인, 무사, 역사의 명장면 등을 소재로 그린 목판화로부터 시작되었다. 우키요에는 에도시대 서민들이 즐기던 호색적이고 세속적인 광경, 그리고 주로 풍경, 가부키 배우, 스모의 역사, 유곽의 여인들이 주제로 그려졌다.

우키요에는 화려한 색채, 대담한 구도, 원근법 등을 표현함으로써 점차 대중화되고 판화가 기업화되면서 도자기 등의 포장지, 연중행사를 나타내는 달력, 연하장 제작 등에도 이용되었다. 오늘날에도 일본을 대표하는 미술로서 세계에 널리 알려져 있고 폭넓게 감상되고 있다. 우키요에의 화법은 고흐, 고갱 등 서양의 후기 인상파 화가의 그림에도 영향을 끼쳤다고 알려져 있다.

연하장　　　　　부채

05

写真を撮ってもいいですか。

사진을 찍어도 됩니까?

주요 학습 내용

동사의 て형을 활용하여 어떠한 행위에 대해 허가를 요구하거나 허가를 해줄 경우의 표현과 금지 표현을 익혀 봅시다.

 포인트 문형

이번 과에서 배울 주요 문형입니다. 어떤 내용인지 먼저 잘 들어 보세요.  Track 22

- 写真を撮ってもいいですか。
  사진을 찍어도 됩니까?

- この本、ちょっと見てもいいですか。
  이 책, 좀 봐도 됩니까?

- 大声で読んでください。
  큰 소리로 읽어 주세요.

- ここは駐車禁止ですので、車を止めてはいけません。
  여기는 주차금지이므로 차를 세워서는 안 됩니다.

- 今日は天気がいいから、ドライブに行きましょう。
  오늘은 날씨가 좋으니 드라이브하러 갑시다.

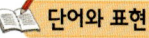 **단어와 표현**

ちょっと 좀, 조금 | 大声 큰 소리 | 駐車禁止 주차금지 | 車 자동차 | 止める 세우다 | 天気 날씨 | ドライブ 드라이브

문법 노트

 Track 23

① ～てもいい ~해도 좋다

- A: この席に座ってもいいですか。

  B: はい、いいですよ。どうぞ。

- ここに車を止めてもいいですか。
- この服を着てみてもいいですか。

- A: お酒を飲んでもいいですか。

  B: いいえ、だめです。

② ～てはいけない ~해서는 안 된다

- このことは誰にも話してはいけません。
- 赤信号の時は、渡ってはいけません。
- 店の中でタバコを吸ってはいけません。

단어와 표현

席 자리, 좌석 | 座る 앉다 | 服 옷 | 赤信号 빨간 신호 | 渡る 건너다 | 連絡先 연락처 | 教える 가르치다 |
熱 열 | 薬 약 | 書く 쓰다 | 漢字 한자

③ 〜てください 〜해 주세요

- 連絡先を教えてください。
- 熱がある時は、この薬を飲んでください。
- A: ひらがなで書いてもいいですか。
  B: いいえ、漢字で書いてください。

④ 〜から / 〜ので 〜이니까, 〜라서, 〜 때문에 원인, 이유

🔔 〜から

- 頭が痛いから、今日はゆっくり休みたいです。
- 明日は休みだから、遊びに行きませんか。
- 頑張りましたから、きっと大丈夫ですよ。

🔔 〜ので

- ここは危ないので、気をつけてください。
- 地下鉄は便利なので、よく利用します。
- この機械は故障しているので、ほかのを使ってください。

📖 **단어와 표현**

休む 쉬다 | 休み 휴일, 휴가 | 頑張る 노력하다, 분발하다 | きっと 꼭, 반드시 | 大丈夫だ 괜찮다 | 危ない 위험하다 | 気をつける 주의(조심)하다 | よく 자주, 잘 | 利用 이용 | 機械 기계 | 故障 고장 | ほか 다른 것 | 使う 사용하다

연습 문제

1 보기를 참고하여 문장을 작성해 보세요.

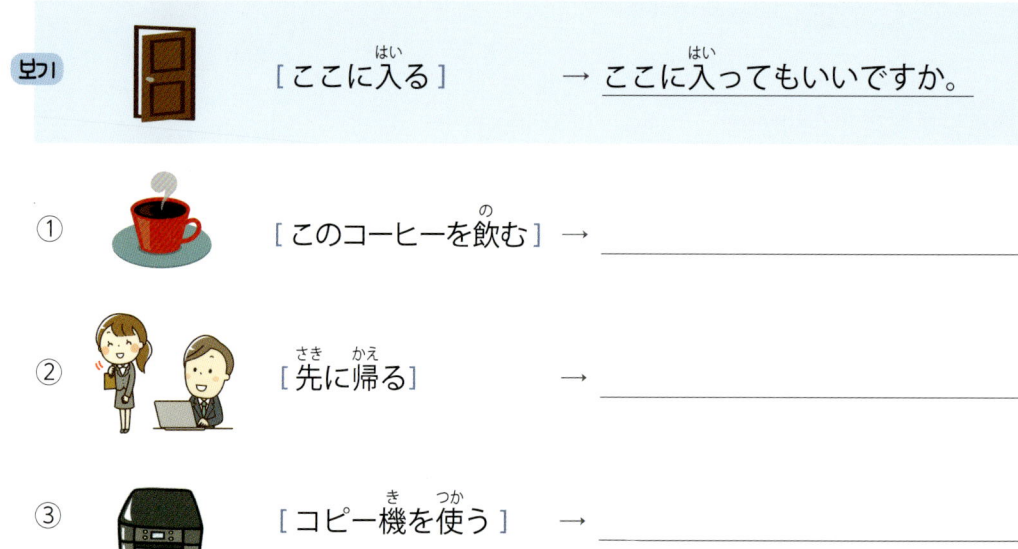

2 보기를 참고하여 문장을 작성해 보세요.

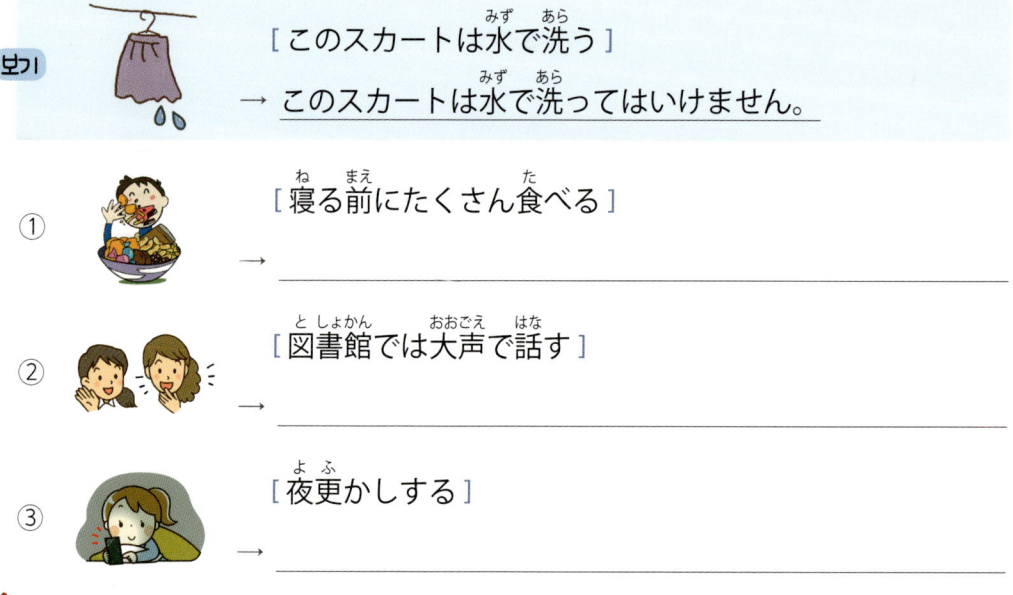

入る 들어가(오)다 | 先に 먼저 | コピー機 복사기 | スカート 치마 | 水 물 | 前に 전에 | たくさん 많이 |
大声 큰 소리 | 夜更かしする 밤늦게까지 잠을 안 자다

3 보기를 참고하여 문장을 작성해 보세요.

보기
A: 銀行はどこですか。
B: [この道をまっすぐ行く]
→ この道をまっすぐ行ってください。

① A: 熱があります。
　 B: [ゆっくり休む] → _____

② A: この問題がわかりません。
　 B: [自分で調べてみる] → _____

③ A: チケット売り場はどこですか。
　 B: [2階に上がる] → _____

4 다음을 일본어로 쓰세요.

① 여기에서 담배를 피워도 됩니까?
→ _____

② 여기는 주차금지라서 차를 세워서는 안 됩니다.
→ _____

③ 손을 깨끗하게 씻어 주세요.
→ _____

단어와 표현

銀行 은행 | 道 길 | まっすぐ 곧장 | 問題 문제 | わかる 알다, 이해하다 | 自分で 스스로 | 調べる 조사하다 | チケット売り場 매표소 | 2階 2층 | 上がる 올라가다 | タバコ 담배 | 吸う 피다 | 手 손 | きれいに 깨끗하게

회화

전시실에서 🎧 Track 24

 パク　あのー、ここで写真を撮ってもいいですか。

 職員　すみませんが、ここは撮影禁止です。
第2展示室には写真を撮ってもいいスペースや作品があります。

 パク　そうですか。ありがとうございます。

 職員　でも、フラッシュは使ってはいけないので、注意してください。

 パク　わかりました。第2展示室はどこにありますか。

 職員　2階です。あちらの階段を使ってください。

 パク　はい。

단어와 표현

第2展示室 제 2전시실 | スペース 공간, 장소 | 作品 작품 | フラッシュ 플래시 | 注意 주의 | あちら 저쪽 |
階段 계단

포인트 체크

허가 표현, 금지 표현, 의뢰나 권유하는 표현에 대해 다시 한 번 체크해 보자.

- ☑ 「～てもいい」는 '~해도 좋다(괜찮다)'라는 뜻으로 상대방에게 허가를 요구하거나 허가를 해주는 표현이다.
  주로 「～てもいいですか(~해도 괜찮습니까?)」와 같이 허가를 구하는 의문문의 형식으로 사용한다.

- ☑ 「～てはいけない」는 '~해서는 안 된다'라는 뜻으로 금지를 나타내는 표현이다. 「ては」는 「ちゃ」로 축약할 수 있고, 회화체에서는 「～ちゃいけません」, 「～ちゃだめです」와 같이 표현하기도 한다.

- ☑ 「～てください」는 '~해 주세요'라는 뜻으로 상대방에게 의뢰나 권유를 하는 표현이다. 어조를 부드럽게 하기 위해 「どうぞ」와 함께 호의적인 표현으로 쓰기도 한다.
  ・どうぞ、ここに座(すわ)ってください。(자(어서), 여기 앉으세요.)

～てもいい　　～てはいけない

일본어로 어떻게 표현할까요?

취미(趣味)는 무엇인가요?

Track 25

사진 찍기입니다	게임입니다	여행입니다
写真を撮ることです	ゲームです	旅行です

영화 감상입니다	애니메이션 보기입니다	요리입니다
映画鑑賞です	アニメを見ることです	料理です

등산입니다	노래 부르기입니다	운동입니다
山登りです	歌うことです	運動です

아파트와 맨션 アパートとマンション / 방 구하기 部屋探し(へやさが)

일본인들은 단독주택(一戸建て(いっこだ))을 선호한다. 방음과 화재에 취약하지만 통풍이나 채광이 좋고 고온다습한 일본 기후에 적합하며 지진에도 대비가 잘 되기 때문이다.

생활 양식이 서구화되면서 아파트(アパート)와 맨션(マンション)이 생겨났는데, 일본에서 아파트는 목조와 경량 철골조로 된 저층 주택을 말한다. 반면 철근 콘크리트로 지어진 중고층의 주택 즉, 우리나라의 아파트와 비슷한 개념의 공동 주택을 일본에서는 맨션이라고 한다. 또 최근 도심에는 초고층의 타워맨션(タワーマンション)이 새롭게 생겨나기도 했는데 우리나라의 주상복합아파트와 비슷하다.

일본은 우리나라의 전세나 반전세의 개념이 없고 자신 소유의 집이 아닌 한 월세가 임대 계약의 기본이며 부동산 업체나 인터넷을 통해 집을 찾는 경우가 많다. 일본에서 집을 빌리려면 보증금(敷金(しききん)), 집주인에게 주는 사례금(礼金(れいきん)), 집세(家賃(やちん)), 부동산 소개료, 보증인 등이 필요하다. 계약이 끝나고 이사 갈 때 돌려받는 돈은 보증금(敷金(しききん))뿐이다. 이것도 이사 나올 때 임대 주택이 훼손되어 수리가 필요하면 수리비 등을 제외하고 돌려받는다.

부동산에 붙어 있는 임대 맨션의 정보를 보면 보통 집 구조는 3LDK, 2DK, 1K등으로 표시되어 있다. 여기서 숫자는 방의 개수를 L은 거실(living room), D는 식당(dining room), K는 부엌(kitchen)을 의미한다.

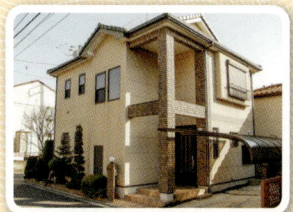
단독주택

아파트

맨션

타워맨션

06

沖縄に行ったことがありますか。

오키나와에 간 적이 있습니까?

주요 학습 내용

동사 た형을 이용하여 과거의 경험을 나타내는 표현 및 ～たり～たり형의 열거, 반복을 나타내는 표현을 익혀 봅시다.

 포인트 문형

이번 과에서 배울 주요 문형입니다. 어떤 내용인지 먼저 잘 들어 보세요. 🎧 Track 26

- 沖縄に行ったことがありますか。
  오키나와에 간 적이 있습니까?

- 納豆を食べたことがありません。
  낫토를 먹은 적이 없습니다.

- 週末は運動をしたり、テレビを見たりします。
  주말은 운동을 하거나 TV를 봅니다.

- 薬を飲んで、ゆっくり休んだほうがいいです。
  약을 먹고 푹 쉬는 게 좋습니다.

- 旅行に行った時、温泉に入りました。
  여행을 갔을 때, 온천욕을 했습니다.

단어와 표현

沖縄 오키나와 | 納豆 낫토 | 週末 주말 | テレビ 텔레비전 | 旅行 여행 | 温泉 온천

문법 노트

 Track 27

① 동사의 た형 ~했다, 었(았)다

동사의 종류	기본형		~た형 만들기		
1그룹 (=5단동사)	書く	쓰다	く → いた	書いた	썼다
	泳ぐ	수영하다	ぐ → いだ	泳いだ	수영했다
	会う	만나다	う ┐	会った	만났다
	待つ	기다리다	つ ├ → った	待った	기다렸다
	帰る	돌아가(오)다	る ┘	帰った	돌아갔(왔)다
	死ぬ	죽다	ぬ ┐	死んだ	죽었다
	遊ぶ	놀다	ぶ ├ → んだ	遊んだ	놀았다
	読む	읽다	む ┘	読んだ	읽었다
	話す	이야기하다	す → した	話した	이야기했다
	*行く	가다	く → った 〈예외〉	行った	갔다
2그룹 (=1단동사)	見る	보다	る를 떼어내고 た접속	見た	봤다
	起きる	일어나다		起きた	일어났다
	食べる	먹다		食べた	먹었다
	寝る	자다		寝た	잤다
3그룹 (불규칙동사)	する	하다	불규칙 동사는 ます형과 た형이 동일	した	했다
	来る	오다		来た	왔다

② ～たことがある(ない) ～한 적이 있다(없다)

- A: みそラーメンを食べたことがありますか。
  B: はい、札幌で食べたことがあります。
- A: 富士山に登ったことがありますか。
  B: いいえ、ありません。
- そんな話、聞いたことがないです。

③ ～たり～たりする ～하거나 ～하거나 하다

- A: 週末何をしますか。
  B: 掃除をしたり、料理を作ったりします。
- A: タイで何をしましたか。
  B: 海で泳いだり、買い物をしたりしました。
- 仕事で日本と韓国を行ったり来たりしています。

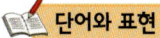

札幌 삿포로 | 富士山 후지산 | そんな 그런 | 話 이야기 | 聞く 듣다, 묻다 | タイ 타이, 태국 | 仕事 일, 업무

문법 노트

Track 28

④ 〜たほうがいい 〜하는 편이 좋다

- 早く寝たほうがいいです。
- 薬を飲んで、ゆっくり休んだほうがいいです。
- 雨が降らないうちに帰ったほうがいいです。

⑤ 〜た + 時 〜했을 때

- 鈴木さんと会った時、いろいろな話をしました。
- 会議をした時、たくさんの意見が出ました。
- 初めて日本人と話した時、私の日本語が通じてうれしかったです。

단어와 표현

雨 비 | 降る 내리다 | うちに 〜사이(동안)에 | いろいろな 여러 가지 | 会議 회의 | 意見 의견 | 初めて 처음 (으로) | 通じる 통하다

연습 문제

1 보기를 참고하여 문장을 작성해 보세요.

보기  日本に行きました。
→ 日本に行ったことがあります。

①  大阪でお好み焼きを食べました。
→ _____

② 相撲を見ました。
→ _____

③ 日本の小説を読みました。
→ _____

단어와 표현

大阪 오사카 | お好み焼き 오코노미야키 | 相撲 스모(일본 씨름) | 小説 소설

연습 문제

2 보기를 참고하여 문장을 작성해 보세요.

보기

A: 暇な時は何をしますか。
[テレビを見る / インターネットをする]
B: テレビを見たり、インターネットをしたりします。

①
A: 週末は何をしますか。
[掃除をする / 洗濯をする]
B: _____

②
A: 京都で何をしましたか。
[お寺に行く / 花見をする]
B: _____

③
A: 今度の旅行で何がしたいですか。
[海で泳ぐ / おいしいものを食べる]
B: _____

3 보기를 참고하여 문장을 작성해 보세요.

보기

A: 最近ちょっと疲れています。
[ぐっすり寝る]
B: ぐっすり寝たほうがいいです。

단어와 표현

インターネット 인터넷 | 掃除 청소 | 洗濯 세탁, 빨래 | お寺 절 | 花見 꽃구경, 벚꽃놀이 | 海 바다 | 泳ぐ 수영하다 | ぐっすり 푹(깊이 잠든 모양)

① A: 咳が出ます。
　　[マスクをする]
　B: _____

② A: キムさんにうそをついてしまいました。
　　[早く謝る]
　B: _____

③ A: 友だちと喧嘩しました。
　　[仲直りする]
　B: _____

4 다음을 일본어로 쓰세요.

① 혼자서 노래방에 간 적이 있습니까?
→ _____

② 친구와 함께 영화를 보거나 술을 마시거나 합니다.
→ _____

③ 빨리 병원에 가는 편이 좋습니다.
→ _____

 **단어와 표현**

咳 기침 | 出る 나다, 나오다 | マスク 마스크 | うそをつく 거짓말을 하다 | ～てしまう ~해 버리다 | 謝る 사과하다 | 喧嘩 싸움 | 仲直り 화해 | カラオケ 노래방

회화

> 🗨️ 카페에서　🎧 Track 29

ハン　田中さん、沖縄に行ったことがありますか。

田中　はい、何度もあります。

ハン　え、何度も！すごいですね。
　　　沖縄に行った時、どんなことをしましたか。

田中　のんびりと散歩をしたり、おいしいものをたくさん食べたりしました。

ハン　いいですね。沖縄の食べ物はどうですか。

田中　おいしいものがたくさんありますよ。
　　　特に沖縄そばは一度食べてみたほうがいいです。
　　　初めて食べた時、おいしくて感動しました。

ハン　へー、ぜひ食べてみたいです。
　　　今度一緒に行って、
　　　沖縄を案内してください。

📖 **단어와 표현**

何度も 몇 번이나	すごい 굉장하다, 대단하다	どんな 어떤	のんびり(と) 한가로이, 유유히	散歩 산책	特に 특히
沖縄そば 오키나와 소바(국수)	一度 한 번	感動 감동	ぜひ 꼭	今度 이번, 다음	一緒に 함께, 같이
案内 안내					

포인트 체크

- ☑ 동사의 た형은 우리말로는 '~했다, ~었(았)다'라는 뜻으로 '과거, 완료'의 의미를 나타낸다. た형은 앞서 배운 て형과 접속의 형태가 동일하니 다시 한번 접속 방법을 연습해 보자.

- ☑ 「~たことがある(ない)」는 '~한 적이 있다(없다)'라는 뜻으로 과거의 경험을 나타내는 표현이다.

- ☑ 「~たり~たりする」는 동작의 열거를 나타내는 표현으로 '~하거나 ~하거나 하다'라는 뜻이다. 이 표현은 복수의 행위, 동작을 열거하여 나타내거나 반대되는 행위를 반복할 때 쓴다. 특히 우리말로 '왔다 갔다 하다'에 해당하는 말을 일본어로는 「行ったり来たりする」라고 표현함에 주의해야 한다.

- ☑ 「~たほうがいい」는 '~하는 편이 좋다(낫다)'라는 뜻으로 상대방에게 조언이나 충고를 할 때 쓰는 표현이다.

일본어로 어떻게 표현할까요?

드라마와 영화 장르(ドラマと映画(えいが)のジャンル)　　🎧 Track 30

액션 アクション	연애 이야기 ラブロマンス	코미디 コメディー

추리 推理(すいり)	공포 ホラー	사극 時代劇(じだいげき)

판타지 ファンタジー	뮤지컬 ミュージカル	다큐멘터리 ドキュメンタリー

기모노 着物

기모노는 '着る(입다) + 物(것)'로 구성된 말로 모든 일본 전통 옷을 뜻한다. 보통 예복으로 입는 기모노는 화려한 무늬나 자수, 금박을 입힌 모양이고 장례식 때는 비단으로 된 무늬가 없는 검은색 기모노를 입는다.

기모노는 소매 길이, 색깔, 모양 등에 따라 종류가 다양하다.
후리소데(振袖)는 미혼 여성들이 결혼식이나 성인식 때 입는 가장 격식 있는 기모노이다. 소맷자락이 길어서 발목까지 내려오며 전체적으로 화려한 색감과 무늬가 특징이다.

도메소데(留袖)는 기혼 여성들이 입는 기모노로 소맷자락이 짧다. 가족이나 친척의 결혼식 등에서 입는 구로토메소테(黒留袖)와 다도회나 축하 행사 등에서 입는 이로토메소데(色留袖)로 나뉜다.

유카타(浴衣)는 여름철 불꽃놀이나 축제 때 입는 옷으로 기모노보다 입는 방법이 쉬워 젊은 층이나 외국인들도 즐겨 입는다. 기모노를 입을 때는 일본식 버선인 다비(足袋)와 조리(草履)를 신고, 유카타에는 게타(下駄)를 신는다.

후리소데

도메소데

구로토메소데 / 이로토메소데

유카타

다비와 조리

게타

07

無理しないでください。
무리하지 마세요.

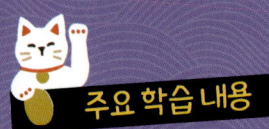
주요 학습 내용

동사의 부정형인 ない형을 익히고 이를 활용한 다양한 문형을 학습해 봅시다.

 **포인트 문형**

이번 과에서 배울 주요 문형입니다. 어떤 내용인지 먼저 잘 들어 보세요.   🎧 Track 31

- キムさんはお酒を全然飲まない。
  김 씨는 술을 전혀 마시지 않는다.

- いつも朝ごはんを食べないで、学校へ行きます。
  늘 아침밥을 먹지 않고 학교에 갑니다.

- 明日は学校に来なくてもいいです。
  내일은 학교에 오지 않아도 됩니다.

- 無理しないでください。
  무리하지 마세요.

- タバコは吸わないほうがいいです。
  담배는 피지 않는 편이 좋습니다.

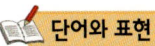 **단어와 표현**

全然 전혀 | **無理** 무리 | **タバコ** 담배 | **吸う** 피우다

문법 노트

 Track 32

① 동사의 ない형 ~지 않다

동사의 종류	기본형		~ない형 만들기	
1그룹 (=5단동사)	会う 만나다	う → わ	어미 う단을 あ단으로 바꾸고 ない를 접속	会わない 만나지 않는다
	書く 쓰다	く → か		書かない 쓰지 않는다
	泳ぐ 수영하다	ぐ → が		泳がない 수영하지 않는다
	話す 이야기하다	す → さ		話さない 이야기하지 않는다
	待つ 기다리다	つ → た		待たない 기다리지 않는다
	死ぬ 죽다	ぬ → な		死なない 죽지 않는다
	遊ぶ 놀다	ぶ → ば		遊ばない 놀지 않는다
	読む 읽다	む → ま		読まない 읽지 않는다
	帰る 돌아가(오)다	る → ら		帰らない 돌아가(오)지 않는다
2그룹 (=1단동사)	見る 보다		어미 る를 떼어내고 ない 접속	見ない 보지 않는다
	起きる 일어나다			起きない 일어나지 않는다
	食べる 먹다			食べない 먹지 않는다
	寝る 자다			寝ない 자지 않는다
3그룹 (불규칙동사)	する 하다		불규칙 형태에 주의!	しない 하지 않는다
	来る 오다			来ない 오지 않는다

- 明日は学校に行かない。
- 友だちとの約束は絶対忘れない。

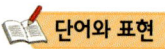 단어와 표현

約束 약속 | 絶対 절대(로) | 忘れる 잊다

② ～ないで ～지 않고, ～지 말고

- 試験の勉強もしないで、寝てしまいました。
- ケータイを見ないで、勉強に集中しました。
- 怠けないで、もっと頑張ってください。

③ ～ないでください ～지 말아 주세요, ～지 마세요

- そんなに急がないでください。
- ここにごみを捨てないでください。
- 大丈夫だから気にしないでください。

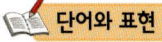 **단어와 표현**

集中 집중 | 怠ける 게으름 피우다 | 頑張る 노력하다, 힘내다 | そんなに 그렇게 | 急ぐ 서두르다 | ごみ 쓰레기 | 捨てる 버리다 | 気にする 마음에 두다, 걱정하다

문법 노트

🎧 Track 33

④ 〜なくてもいい ~지 않아도 된다

- 明日は学校に行かなくてもいいです。
- そのレストランは予約しなくてもいいです。
- 今すぐ決めなくてもいいです。よく考えてから決めてください。

⑤ 〜ないほうがいい ~지 않는 편이 좋다

- 彼には言わないほうがいい。
- あまり無理をしないほうがいいですよ。
- 危ない所には行かないほうがいいです。

단어와 표현

予約 예약 | すぐ 곧, 바로 | 決める 결정하다 | 考える 생각하다 | 危ない 위험하다 | 所 곳, 장소

연습 문제

1 보기를 참고하여 문장을 작성해 보세요.

  [お酒を飲む]
→ お酒を飲まないでください。

①  [ごみを捨てる]
→ _____

②  [手で触る]
→ _____

③  [だれにも言う]
→ _____

단어와 표현

言う 말하다 ｜ 手 손 ｜ 触る 만지다

연습 문제

2 보기를 참고하여 문장을 작성해 보세요.

| 보기 | [明日学校に来る]
→ 明日学校に来なくてもいいです。 |

① [無理して全部食べる]
→ _____

② [今すぐ返事する]
→ _____

③ [今日は宿題を出す]
→ _____

3 보기를 참고하여 문장을 작성해 보세요.

| 보기 | [お風呂に入る]
→ 風邪を引いた時は、お風呂に入らないほうがいいです。 |

① [タバコを吸う]
→ 健康によくないですから、
_____

② [コーヒーを飲む]
→ そんなにたくさん _____

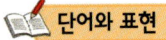 **단어와 표현**

全部 전부, 모두 | 返事 대답 | 宿題 숙제 | 出す 제출하다, 내다 | 健康 건강 | よくない 좋지 않다

③  [無理をする]

→ あまり _____

4 다음을 일본어로 쓰세요.

① 내일은 시험이니까 지각하지 말아 주세요.

→ _____

② 차가운 음료는 많이 마시지 않는 편이 좋습니다.

→ _____

③ 오늘은 집에 일찍 돌아가지 않아도 됩니다.

→ _____

단어와 표현

遅刻 지각 | 冷たい 차갑다 | 飲み物 음료, 마실 것

회화

강의실에서 Track 34

イ: 先生、すみませんが今日は帰ってもいいですか。

先生: どうかしましたか。

イ: ちょっと体調が悪くて……。実は昨日、窓を閉めないで寝てしまいました。それで、朝起きてからずっと頭が痛くて。

先生: 大丈夫ですか。最近はインフルエンザが流行っていますから、病院に行った方がいいですよ。

イ: はい、そうします。それから明日のレポートですが、来週提出してもいいでしょうか。

先生: 今日は無理をしないほうがいいですから、来週出してください。

イ: ありがとうございます。

先生: お大事に。

단어와 표현

体調 몸 상태, 컨디션 | 悪い 나쁘다 | 窓 창문 | 閉める 닫다 | それで 그래서 | ずっと 쭉 | インフルエンザ 인플루엔자, 독감 | 流行る 유행하다 | そう 그렇게 | それから 그리고, 그 다음에 | 来週 다음 주 | 提出 제출 | お大事に 몸조리 잘 하세요

포인트 체크

- ☑ 「～ない」는 부정 조동사로 여러 품사에 접속하여 '～지 않다'의 의미를 나타낸다.

  특히 동사에 접속할 때는 동사 종류에 따라 접속 방법이 다르니 주의해야 한다.
  - 1그룹 동사 → 어미 'う단'을 'あ단'으로 바꾸고 「ない」를 접속
    「会(あ)う、買(か)う」와 같이 어미가 「う」로 끝나는 동사는 「う」를 「わ」로 바꾼다.
  - 2그룹 동사 → 어미 「る」를 떼어내고 「ない」 접속 (ます형 접속과 같은 형태)
  - 3그룹 동사 → 「来(こ)ない、しない」로 불규칙 활용에 주의!

- ☑ 「～ないで」는 우리말로 '～지 않고, ～지 말고'에 해당하며 동사 부정 연결로 '동시 동작, 나열, 수단' 등의 의미를 나타낸다.

- ☑ 「～ないでください」는 '～하지 말아 주세요'에 해당하는 말로 상대방에게 어떤 행위를 하지 않도록 의뢰하는 표현이다.

- ☑ 「～なくてもいい (～하지 않아도 된다/좋다)」는 앞서 배운 「～てもいい (～해도 좋다)」와 반대되는 의미로 상대방에게 그 행위를 하지 않아도 된다는 것을 나타내는 표현이다.

- ☑ 「～ないほうがいい (～하지 않는 편이 좋다)」는 「～たほうがいい (～하는 편이 좋다)」와 반대되는 표현으로 상대방에게 충고나 조언을 할 경우 사용한다.

일본어로 어떻게 표현할까요?

몸 상태(体調)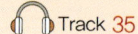

이가 아프다 歯が痛い	위가 거북하다 胃がもたれる	머리가 욱신거리다 頭がずきずきする
(뜨거운 것에) 데이다 火傷をする	허리를 삐끗하다 ぎっくり腰になる	감기 기운이 있다 風邪気味だ
열이 나다 熱が出る	목이 붓다 喉が腫れる	배탈이 나다 お腹をこわす

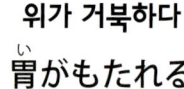

낫토納豆와 우메보시梅干し

낫토(納豆)는 콩을 원료로 만든 일본의 대표적인 발효 식품으로 우리나라의 청국장과 비슷하다. 일본인들 사이에서도 호불호가 갈리는 음식이다. 낫토는 점성이 생겨 끈적해질 때까지 젓가락으로 마구 휘저어 섞은 후 겨자(からし)와 조미 간장(たれ)을 곁들여 흰밥 위에 올려 먹는다. 요즘은 슈퍼마켓, 백화점 식품 코너, 편의점 등에서도 간편하게 살 수 있으며 1인분 분량의 소포장 낱개나 3개를 한 세트로 묶어 판매하기도 한다. 최근에는 다이어트 음식으로도 주목을 받고 있다.

우메보시(梅干)는 '梅(매실) + 干し(말림)'로 구성된 말로 매실을 소금에 절여 만든 일본식 매실 장아찌를 말한다. 우메보시의 맛은 매우 새콤하면서도 염분 함량이 높아 짭짤하며 일본인들의 밥 반찬으로 인기가 있다. 우메보시는 살균 작용뿐만 아니라 소화력 증진, 피로 회복, 노화 방지, 식욕 촉진 등에 효과적이다. 또한 도시락이나 주먹밥 등의 재료로도 자주 사용되는데 다른 요리의 풍미를 더하고 모양도 한층 돋보이게 하는 역할도 해 준다.

낫토

우메보시

08

辛(から)くないと思(おも)う。

맵지 않을 거라고 생각해.

주요 학습 내용

품사별 보통체와 정중체의 긍정, 부정표현을 익히고, 이를 사용하여 주관적인 자신의 의견, 추측을 나타내는 표현을 학습해 봅시다.

포인트 문형

이번 과에서 배울 주요 문형입니다. 어떤 내용인지 먼저 잘 들어 보세요. Track 36

- A この小説、面白いね。
  이 소설, 재미있네.
  B うん、面白いね。
  응, 재밌네.

- 韓国の大学生はよく勉強すると思います。
  한국의 대학생은 열심히 공부한다고 생각합니다.

- 鈴木さんは明日の会食には来ないと思います。
  스즈키 씨는 내일 회식에는 오지 않을 거라고 생각합니다.

- 毎日ジムで運動すると言っていました。
  매일 체육관에서 운동한다고 말했습니다.

- もうすぐ暖かくなるだろう。
  이제 곧 따뜻해지겠지.

단어와 표현

小説 소설 | ～と思う ～라고 생각하다 | 会食 회식 | 毎日 매일 | ジム 체육관 | 運動 운동 | ～と言う ～라고 말하다 | 暖かくなる 따뜻해지다 | ～だろう ～일 것이다, ～이겠지

문법 노트

 Track 37

① 품사별 보통체와 정중체

	보통체 (반말체)	정중체 (공손체)
명사	大学生(だいがくせい)だ 대학생이다	大学生(だいがくせい)です 대학생입니다
	大学生(だいがくせい)ではない 大学生(だいがくせい)じゃない 대학생이 아니다	大学生(だいがくせい)ではありません 大学生(だいがくせい)じゃないです 대학생이 아닙니다
	大学生(だいがくせい)だった 대학생이었다	大学生(だいがくせい)でした 대학생이었습니다
	大学生(だいがくせい)ではなかった 大学生(だいがくせい)じゃなかった 대학생이 아니었다	大学生(だいがくせい)ではありませんでした 大学生(だいがくせい)じゃなかったです 대학생이 아니었습니다
い형용사	寒(さむ)い 춥다	寒(さむ)いです 춥습니다
	寒(さむ)くない 춥지 않다	寒くありません 寒(さむ)くないです 춥지 않습니다
	寒(さむ)かった 추웠다	寒(さむ)かったです 추웠습니다.
	寒(さむ)くなかった 춥지 않았다	寒くありませんでした 寒(さむ)くなかったです 춥지 않았습니다

	보통체 (반말체)	정중체 (공손체)
な형용사	好きだ 좋아하다	好きです 좋아합니다
	好きではない 好きじゃない 좋아하지 않는다	好きではありません 好きじゃないです 좋아하지 않습니다
	好きだった 좋아했다	好きでした 좋아했습니다
	好きではなかった 好きじゃなかった 좋아하지 않았다	好きではありませんでした 好きじゃなかったです 좋아하지 않았습니다
동사	書く 쓰다(적다)	書きます 씁니다(적습니다)
	書かない 쓰지 않는다	書きません 쓰지 않습니다
	書いた 썼다	書きました 썼습니다
	書かなかった 쓰지 않았다	書きませんでした 쓰지 않았습니다

- 今日は寒いね。

- A: 明日は学校休み？

  B: うん、休み。　　　　　　　　B: ううん、休みじゃない。

- A: 昨日、運動した？

  B: うん、したよ。　　　　　　　B: ううん、しなかった。

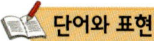

うん 응 ｜ ううん 아니

문법 노트

Track 38

② 보통체 + と思う ~라고 생각하다

- この写真の場所は日本じゃないと思います。
- この学校の図書館は広くていいと思います。
- 田中君のお母さんはとても親切だと思います。
- たぶん木村さんも来ると思います。

③ 보통체 + と言っていました ~라고 말했습니다

- 木村さんはその話をニュースで聞いてびっくりしたと言っていました。
- 天気予報では明日は晴れだと言っていました。
- ハンさんはいつか世界中を旅行してみたいと言っていました。
- 田中さんは昨日どこにも行かなかったと言っていました。

④ 보통체 + だろう ~일 것이다, ~이겠지

- あの人はたぶん日本人だろう。
- この時計の方がもっと高いだろう。
- コンサートには鈴木さんも行くだろう。
- 急がなくても間に合うだろう。

단어와 표현

場所 장소 | 広い 넓다 | たぶん 아마(도) | ニュース 뉴스 | 天気予報 일기예보 | 晴れ 맑음 | いつか 언젠가 | 世界中 전 세계 | 時計 시계 | コンサート 콘서트 | 間に合う 시간에 대다, 충분하다

연습 문제

1 보기와 같이 정중체를 보통체로 바꿔 질문하고 대답해 보세요.

> 보기
> 専攻の勉強は難しいですか。
> A: 専攻の勉強は難しい?
> B: うん、難しい。　　　　B: ううん、難しくない。

① 料理をよく作りますか。
A: ＿＿＿＿＿＿＿＿＿＿　B: うん、＿＿＿＿＿＿＿＿＿＿

② キムさんは1年生ですか。
A: ＿＿＿＿＿＿＿＿＿＿　B: ううん、＿＿＿＿＿＿＿＿＿＿

③ 今晩、暇ですか。
A: ＿＿＿＿＿＿＿＿＿＿　B: ううん、＿＿＿＿＿＿＿＿＿＿

> 보기
> 高校時代は楽しかったですか。
> A: 高校時代は楽しかった?
> B: うん、楽しかった。　　　　B: ううん、楽しくなかった。

④ 海の景色はきれいでしたか。
A: ＿＿＿＿＿＿＿＿＿＿　B: うん、＿＿＿＿＿＿＿＿＿＿

⑤ 週末は遊びに行きましたか。
A: ＿＿＿＿＿＿＿＿＿＿　B: ううん、＿＿＿＿＿＿＿＿＿＿

단어와 표현

専攻 전공 | 今晩 오늘 밤 | 暇だ 한가하다 | 高校時代 고등학교 시절 | 楽しい 즐겁다 | 海 바다 | 景色 경치

연습 문제

2 보기를 참고하여 문장을 작성해 보세요.

보기
田中さんは来ません。
→ 田中さんは来ないと思います。

① 単語を全部覚えました。
→ _____と思います。

② 明日は雨です。
→ _____と思います。

③ 店員はあまり親切じゃありません。
→ _____と思います。

④ このかばんは高くありません。
→ _____と思います。

단어와 표현

単語 단어 | 覚える 외우다, 기억하다 | 高い 비싸다

3 보기를 참고하여 문장을 작성해 보세요.

> 보기
> 毎日ネットで日本のニュースを見ます。
> → 毎日ネットで日本のニュースを見ると言っていました。

① 木曜日に食事の約束があります。
→ _____と言っていました。

② タバコをやめたいです。
→ _____と言っていました。

③ 子どもの時はスポーツが好きじゃありませんでした。
→ _____と言っていました。

4 다음을 일본어로 쓰세요.

① 이 단어를 전부 외우는 것은 힘들다고 생각합니다.
→ _____

② 7시에 회의가 끝났다고 말했습니다(말하고 있었어요).
→ _____

③ 내일은 아마 갤 것이다(맑을 것이다).
→ _____

단어와 표현

ネット 인터넷 | 木曜日 목요일 | 食事 식사 | やめる 그만두다, 끊다 | 終わる 끝나다 | 晴れる (하늘이) 개다

회화

복도에서　🎧 Track 39

木村　今日の授業は終わった？

イ　うん、全部終わったよ。
今日はテストもあって大変だった。
木村君、よかったら今からご飯を食べに行かない？

木村　うん、いいね。どこに行く？

イ　学校の前に新しくできた店はどう？
友だちがおいしいと言って(い)たよ。

木村　どんなメニュー？ 僕、辛いものが苦手で…。

イ　日本の家庭料理のお店だからどのメニューも
辛くないだろうと思うよ。

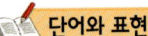 **단어와 표현**

授業 수업 ｜ 終わる 끝나다 ｜ よかったら 괜찮으면, 좋다면 ｜ できる 생기다 ｜ どう 어때? ｜ 苦手だ 서투르다, 거북하다 ｜ 家庭料理 가정 요리

포인트 체크

- ☑ 품사별 즉 명사, い형용사, な형용사, 동사의 보통체와 정중체 형식을 다시 한 번 연습해 보자.

- ☑ 「～と思う」는 '～라고 생각하다'라는 뜻으로 주로 말하는 사람의 주관적인 생각을 말할 때 쓴다. 일반적으로 '보통체 + と思う'의 형태로 표현한다.

- ☑ 「～と言っていました」는 '～라고 말했습니다'라는 뜻으로 타인의 말을 전하거나 인용할 때 쓴다. 일반적으로 '보통체 + と言っていました'의 형태로 표현한다.

- ☑ 「～だろう」는 '～일 것이다'라는 뜻으로 불확실한 일에 대한 추량, 추측을 말할 때 쓴다. 「～だろう」가 '보통체 + だろう + と思う'의 형태로 쓸 경우는 말하는 사람의 의견이나 추측을 나타낸다.

明日は雨が降るでしょう。

天気予報では明日は雨だと言っていました。

일본어로 어떻게 표현할까요?

여러 스타일의 사람 (色んなタイプの人)

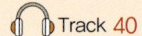 Track 40

밝은 사람
明るい人

머리가 좋은 사람
頭のいい人

성실한 사람
真面目な人

겸손한 사람
けんきょな人

쿨한 사람
クールな人

너그러운 사람
おおらかな人

온화한 사람
穏やかな人

자유분방한 사람
マイペースな人

유머있는 사람
ユーモアのある人

일본의 철도와 전철 鉄道と電車

일본의 철도(鉄道)와 전철(電車)는 매우 편리한 교통수단이다. 일본은 철도가 매우 발달되어 있어 철도망이 전역에 걸쳐 방사형 모양으로 퍼져 있는 것이 특징이다.

철도에는 JR(Japan Railway)주식회사가 운영하는 JR선, 도도부현(都道府県) 등에서 운영하는 노선, 민영 철도 회사가 운영하는 사철선(私鉄線) 등이 있다. 현재 도쿄에는 JR선, 도쿄메트로, 도(都)운영의 지하철과 몇 개의 사철(私鉄)이 있다. 사철은 주로 도심과 교외 주택지를 연결하고 있는데 대부분의 사철은 지하철과 직통 운행을 하고 있기 때문에 환승이 편리하여 출퇴근, 통학 수단으로 많이 이용되고 있다.

특히 전철은 속도와 정차역에 따라 여러 이름으로 구분된다. 모든 역마다 정차하는 '각역정차(各駅停車)'와 주요 역에만 정차하는 '특급(特急)', '통근쾌속(通勤快速)', '급행(急行)'이 있다.

여행 시 이용하는 JR패스는 일본을 여행하는 외국인을 위한 철도 승차권으로, 일본 전국의 JR선과 신칸센, 버스, 페리 등을 정해진 기간 동안 거리나 횟수에 관계없이 사용이 가능하다.

JR

도쿄메트로

JR패스

09
どんな外国語が話せますか。
어떤 외국어를 말할 수 있습니까?

주요 학습 내용

가능동사 만드는 법을 익히고, 가능표현의 의미와 형식을 학습해 봅시다.

 포인트 문형

이번 과에서 배울 주요 문형입니다. 어떤 내용인지 먼저 잘 들어 보세요.  Track 41

- A どんな外国語が話せますか。
  어떤 외국어를 말할 수 있습니까?

  B 日本語が少し話せます。
  일본어를 조금 할 수 있습니다.

- 鈴木さんは辛いものが食べられますか。
  스즈키 씨는 매운 것을 먹을 수 있습니까?

- A 何か楽器ができますか。
  무언가 악기를 다룰 수 있습니까?

  B ピアノが弾けます。
  피아노를 칠 수 있습니다.

  B 何もできません。
  아무것도 못합니다.

- 車を運転することができます。
  차를 운전할 수 있습니다.

- ひらがなとカタカナは読めますが、漢字はまだ読めません。
  히라가나와 가타카나는 읽을 수 있지만, 한자는 아직 읽지 못합니다.

단어와 표현

外国語 외국어 | 少し 조금 | 楽器 악기 | できる 할 수 있다, 가능하다 | ピアノ 피아노 | 弾く 치다, 켜다 | 何も 아무것도 | 運転する 운전하다 | 漢字 한자

문법 노트

 Track 42

① 가능동사

동사의 종류	기본형	가능동사 만들기	
1그룹 (=5단동사)	会あう 만나다	어미 う단을 え단으로 바꾸고 る를 접속	会える 만날 수 있다
	書かく 쓰다		書ける 쓸 수 있다
	泳およぐ 수영하다		泳げる 수영할 수 있다
	話はなす 이야기하다		話せる 이야기할 수 있다
	待まつ 기다리다		待てる 기다릴 수 있다
	遊あそぶ 놀다		遊べる 놀 수 있다
	読よむ 읽다		読める 읽을 수 있다
	帰かえる 돌아가(오)다		帰れる 돌아갈(올) 수 있다
2그룹 (=1단동사)	見みる 보다	어미 る를 떼어내고 られる를 접속	見られる 볼 수 있다
	起おきる 일어나다		起きられる 일어날 수 있다
	食たべる 먹다		食べられる 먹을 수 있다
	寝ねる 자다		寝られる 잘 수 있다
3그룹 (불규칙동사)	する 하다	불규칙 형태에 주의!	できる 할 수 있다
	来くる 오다		来られる 올 수 있다

- 漢字かんじを読よむ。 → 漢字かんじが読よめる。
- 日本語にほんごで話はなす。 → 日本語にほんごで話はなせる。

② ～れる / ～られる ～할 수 있다

- イさんは日本語が話せます。
- 高校時代の思い出が忘れられません。
- A: イさんは泳げますか。
  B: 全然泳げません。
- 私も明日の同窓会に参加できます。

③ 동사 기본형 + ことができる ～할 수 있다
　 동사 기본형 + ことができない ～할 수 없다

- 日本の納豆を食べることができる。
- この子は一人で自転車に乗ることができます。
- A: この漢字を読むことができますか。
  B: いいえ、読むことができません。
- A: 木村さんは韓国料理を作ることができますか。
  B: ええ、キムチチゲを作ることができます。
- ここのカフェでは珍しいコーヒーを飲むことができます。

단어와 표현

思い出 추억 | 全然 전혀 | 同窓会 동창회 | 参加 참가 | 納豆 낫토 | 子 아이 | 一人で 혼자서 | 自転車 자전거 | ～に乗る ～을(를) 타다 | キムチチゲ 김치찌개 | カフェ 카페 | 珍しい 진귀하다, 드물다

연습 문제

1 보기와 같이 가능동사로 만들어 보세요.

기본형	뜻	가능동사
会う	만나다	会える
書く	쓰다, 적다	
話す	이야기하다	
帰る	돌아가(오)다	
飲む	마시다	
乗る	(교통 수단) 타다	
遊ぶ	놀다	
覚える	외우다, 기억하다	
来る	오다	
見る	보다	

2 보기를 참고하여 문장을 작성해 보세요.

보기	日本語の本を読みます。 → 日本語の本が読めます。

① 何時間でも待ちます。 → _____

② 図書館で本を借ります。 → _____

③ 一人で行きます。 → _____

단어와 표현

~でも ~(이)라도 | 待つ 기다리다 | 借りる 빌리다 | スペイン語 스페인어 | 意味 의미 | 辞書 사전 | 急用 급한 용무 | 昼ごはん 점심밥 | 行動 행동 | 許す 허락하다, 용서하다 | 送る 보내다

3 보기를 참고하여 문장을 작성해 보세요.

> 보기 
> スペイン語を話します。
> → スペイン語を話すことができます。
>
> スペイン語を話しません。
> → スペイン語を話すことができません。

①  単語の意味を辞書で調べます。
→ _____

②  資料をコピーします。
→ _____

③  急用ができて、一緒に昼ごはんを食べません。
→ _____

④  そんな行動は許しません。
→ _____

4 다음을 일본어로 쓰세요.

① 메일로 보낼 수 있습니까?
→ _____

② 오늘은 일찍 올 수 있습니다.
→ _____

③ 쓸 수는 있지만, 읽을 수는 없습니다(읽지 못합니다).
→ _____

회화

도서관에서 Track 43

ハン: あのー、新入生ですが、本はどうやったら借りられますか。

職員: 本と学生証をこちらのカウンターに持ってきてください。
期間は基本2週間ですが、延長もできます。

ハン: あそこのパソコンも使えますか。

職員: はい。それにメディア室では映画を見ることもできますよ。
図書館の利用に関する詳しい案内はこちらのパンフレットでも
確認できます。どうぞ。

ハン: わぁ、スタディルームやカフェもあるんですね。

職員: カフェは5時までですが、スタディルームは
夜10時まで使えます。

ハン: わかりました。
いろいろありがとうございます。

단어와 표현

新入生 신입생 | どうやったら 어떻게 하면 | 学生証 학생증 | 持つ 가지다, 들다 | カウンター 카운터, 접수대
期間 기간 | 基本 기본 | 週間 주간 | 延長 연장 | メディア室 미디어실 | ~に関する ~에 관한 | 詳しい 상세하다 | 案内 안내 | パンフレット 팸플릿 | 確認 확인 | スタディルーム 스터디룸

포인트 체크

- ☑ 일본어에서 가능형은 크게 두 가지 형식으로 표현할 수 있으며, '~할 수 있다, ~하는 것이 가능하다, ~할 줄 안다'라는 의미를 나타낸다.

- ☑ 조동사「れる、られる」를 이용해서 동사를 가능동사로 만들 수 있다.
  - 1그룹 동사 : 어미 'う단'을 'え단'으로 바꾸고「る」를 접속
  - 2그룹 동사 : 어미「る」를 떼어내고「られる」를 접속
  - 3그룹 동사 : 불규칙 동사이므로 주의!

  する → できる / 来る → 来られる

- ☑ 가능은 '동사 기본형 + ことができる(できない)'의 형식으로도 표현한다.

  日本語の本が読める = 日本語の本を読むことができる

- ☑ 가능표현은 '주어의 능력 또는 행위의 가능'을 나타내거나 '상황의 가능'을 나타내는 의미를 갖는다.

일본어로 어떻게 표현할까요?

스포츠(スポーツ) 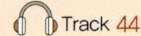 Track 44

수영 すいえい 水泳 	스키 スキー 	스피드 스케이트 スピードスケート 
럭비 ラグビー 	농구 バスケットボール 	배구 バレーボール 
테니스 テニス 	골프 ゴルフ 	마라톤 マラソン 

오세치요리 おせち料理와 오조니 お雑煮

오세치요리(おせち料理)는 새해를 축하하고 건강과 안녕을 기원하며 먹는 일본의 특별한 명절 음식이다. 정월 초 부터 3일간 이어지는 설 연휴를 위해 장만하는데, 주재료는 '무, 당근, 우엉, 두부, 다시마, 토란, 고구마' 등이며, 여기에 어패류 등을 넣고 양념에 조려 만든다.

새해의 소망과 각각 길한 의미를 지닌 음식을 찬합(重箱)에 담아낸다. '장수를 염원하는 새우, 성실과 건강을 기원하는 검정콩, 다산을 의미하는 청어알, 재물과 풍요로움을 상징하는 황밤, 구멍을 통해 세상을 지혜롭게 살라는 의미의 연근' 등을 담는다. 오세치요리는 보존성을 높이기 위해 수분을 적게 하고 국물이 없는 마른 음식으로 장만하며 설 연휴 동안 가족, 친지, 손님들과 함께 나누어 먹을 수 있도록 충분한 양을 준비한다.

오조니(お雑煮)는 오세치요리와 함께 일본 설 상차림에 올리는 찹쌀떡을 넣어 만든 일본식 떡국이다. 가정이나 지역에 따라 떡 모양과 조리법, 넣는 재료 등이 다양하다. 간장으로 간을 한 맑은 국물이나 미소(된장)로 맛을 낸 국물에 떡, 채소, 생선, 고기 등을 넣어 만든다.

오세치요리

오조니

10

先生に ほめられました。
せんせい

선생님에게 칭찬받았습니다.

 주요 학습 내용

일본어의 수동표현을 익히고, 수동표현의 의미와 특징을 학습해 봅시다.

 **포인트 문형**

이번 과에서 배울 주요 문형입니다. 어떤 내용인지 먼저 잘 들어 보세요.  Track 45

- スピーチ大会で優勝して、先生にほめられました。
  스피치 대회에서 우승해서 선생님에게 칭찬받았습니다.

- 部長に仕事を頼まれました。
  부장님에게 일을 부탁받았습니다.

- 満員電車で隣の人に足を踏まれました。
  만원 전철에서 옆 사람에게 발을 밟혔습니다.

- 私のスマホを友だちに壊されました。
  내 스마트폰을 친구가 고장냈습니다.

- この本は多くの人々に読まれています。
  이 책은 많은 사람들에게 읽혀지고 있습니다.

단어와 표현

スピーチ大会 스피치 대회 | 優勝する 우승하다 | ほめる 칭찬하다 | 部長 부장(님) | 仕事 일, 업무 | 頼む 부탁하다 | 満員電車 만원 전철 | 隣 옆 | 足 발 | 踏む 밟다 | 壊す 부수다, 고장내다 | 多くの 많은 | 人々 사람들

문법 노트

 Track 46

① 동사 수동형 만들기

동사의 종류	기본형	수동형 만들기	
1그룹 (=5단동사)	行う 행하다	어미 う단을 あ단으로 바꾸고 れる를 접속 ※어미가 う로 끝날 경우 う를 わ로 바꾼다. 買う→買われる	行われる 행해지다
	書く 쓰다		書かれる 쓰이다
	騒ぐ 떠들다		騒がれる (남이) 떠들다
	話す 이야기하다		話される 이야기되다
	立つ 일어서다		立たれる 세워지다
	死ぬ 죽다		死なれる (남이) 죽다
	呼ぶ 부르다		呼ばれる 불리다
	読む 읽다		読まれる 읽히다
	作る 만들다		作られる 만들어지다
2그룹 (=1단동사)	見る 보다	어미 る를 떼어내고 られる를 접속	見られる (남에게) 보이다
	食べる 먹다		食べられる 먹히다
3그룹 (불규칙동사)	する 하다	불규칙 형태에 주의!	される ~되다, 당하다
	来る 오다		来られる (남이) 오다

💡 **TIP** 2그룹 동사인 경우는 수동형과 가능형의 형태가 동일하므로, 문맥에서 수동인지 가능인지를 잘 구별해야 한다.

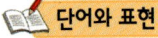 단어와 표현

帰り 귀가 | 遅い 늦다 | 叱る 혼내다 | 呼ぶ 부르다 | 両親 부모 | 愛する 사랑하다 | 育つ 자라다, 성장하다

② 기본 수동문

- 帰りが遅かったので父に叱られました。
- キムさんは先輩に呼ばれて今、学校に行っています。
- 子どもは両親に愛されて育ちます。

③ 기타 수동문

- 夕べ、隣の赤ちゃんに泣かれて眠れませんでした。
- 急に友だちに来られて試験の勉強ができませんでした。
- 雨に降られて、すっかり濡れてしまいました。

- 飼っている犬に手を噛まれました。
- 誰かに自転車を盗まれて困っています。
- 大事にしていたマグカップをキムさんに割られました。

- スピーチ大会が行われます。
- 母に似ているとよく言われます。
- 『わが輩は猫である』は夏目漱石によって書かれた日本の小説です。

단어와 표현

夕べ 어젯밤 | 急に 갑자기 | すっかり 완전히, 온통 | 濡れる 젖다 | 飼う 기르다 | 噛む 물다 | 誰か 누군가 |
盗む 훔치다 | 困る 곤란하다 | 大事だ 소중하다 | マグカップ 머그컵 | 割る 깨뜨리다 | 〜によって 〜에 의해

연습 문제

1 동사의 수동형을 연습해 봅시다.

기본형	뜻	수동형 ～れる(られる)
笑う	웃다	笑われる
怒る	화내다	
読む	읽다	
呼ぶ	부르다	
待つ	기다리다	
踏む	밟다	
押す	누르다, 밀다	
開く	열다	
頼む	부탁하다	
愛する	사랑하다	

2 보기를 참고하여 문장을 작성해 보세요.

보기
先生は私をほめました。
→ (私は) 先生にほめられました。

① ペットが私のパソコンを壊しました。
→ _____

② 知らない人が私に道を聞きました。
→ _____

③ 木村さんがこの本を勧めました。
→ _____

3 주어진 문장을 수동문으로 만들어 보세요.

① 友だちからもらったかばんを妹が持っていきました。
→ _____

② 木村さんが私の腕を叩きました。
→ _____

③ みんながハンさんを真面目な学生だと言います。
→ _____

④ 会社に遅刻して上司が怒りました。
→ _____

⑤ 日本語能力試験(JLPT)は1年に2回行います。
→ _____

4 다음을 일본어로 쓰세요.

① 모기에 물려서 약을 발랐습니다.
→ _____

② 귀가가 늦어서 아버지에게 야단맞았습니다.
→ _____

③ 남동생이 내 휴대폰을 고장냈습니다.
→ _____

단어와 표현

ペット 애완(반려)동물 | 壊す 고장내다, 부수다 | 道 길 | 聞く 듣다, 묻다 | 勧める 권하다, 권장하다 | 腕 팔 | 叩く 치다, 때리다 | 遅刻する 지각하다 | 上司 상사 | 蚊 모기 | 刺す 물다, 찌르다 | 薬 약 | 塗る 바르다, 칠하다

회화

학교 벤치에서   Track 47

 佐藤: キムさん、顔色が悪いですね。どうかしましたか。

 キム: 今朝6時に母に起されて、今とても眠いです。

 佐藤: どうしてそんなに早い時間に？

 キム: 実は昨日、いつも授業に遅刻していることを母に知られてすごく叱られました。

 佐藤: それは仕方ないですね。

 キム: でも、ずっと眠すぎて、授業中にもぼーっとしてしまいました。それで先生に何度も注意されて、みんなにも笑われてとても恥ずかしかったです。

 佐藤: 大変な一日でしたね。今日は早めに寝てください。

 キム: そうしたいところですが、木村さんから食事に誘われているので、今から会いに行きます。

단어와 표현

顔色 안색 | 今朝 오늘 아침 | 起す 일으키다 | 眠い 졸리다 | どうして 어째서, 왜 | すごく 굉장히, 몹시 | 仕方ない 어쩔 수 없다 | 眠すぎる 너무 졸리다 | 授業中 수업 중 | ぼーっとする 멍해지다 | 注意 주의 | 恥ずかしい 부끄럽다 | 一日 하루 | 早めに 일찌감치, 빨리 | 誘う 권유하다 | 今から 이제부터

포인트 체크

동사의 수동형 만들기와 다양한 종류의 수동문을 다시 한 번 정리해 보자.

☑ 조동사 「れる、られる」를 이용해서 동사를 수동동사로 만들 수 있다.

- 1그룹 동사 : 어미 'う단'을 'あ단'으로 바꾸고 「れる」를 접속
- 2그룹 동사 : 어미 「る」를 떼어내고 「られる」를 접속
- 3그룹 동사 : 불규칙 동사이므로 주의!

$$する → される \quad / \quad 来る → 来られる$$

※ 2그룹 동사의 경우는 가능형과 수동형이 동일한 형태이고, 1그룹과 3그룹 동사는 바꾸는 형태가 다르니 주의하도록 하자.

☑ 기본 수동문은 가장 일반적인 수동문으로, 능동문을 수동문으로 바꾼 형태이다.

先生が私をほめる。 → 私は先生にほめられる。

☑ 기타 수동문에는 소위 '피해의 수동(迷惑受身), 소유자 수동, 그리고 그 외의 의미를 갖는 수동문 등을 살펴 볼 수 있다.

일본어로 어떻게 표현할까요?

관용구와 속담(慣用句と諺) Track 48

발이 넓다 顔が広い	입이 무겁다 口が重い	융통성이 없다 頭が固い

매우 좋아하다 目がない	콧대가 높다 鼻が高い	귀에 못이 박이다 耳にたこができる

눈코 뜰 새 없이 바쁘다 猫の手も借りたい	참고 견디면 복이 온다 石の上にも三年	부전자전 蛙の子は蛙

우리말 속 일본어

우리가 일상생활에서 주고받는 말 속에는 일본어 어휘가 많다. 이들 어휘는 국어순화정책의 주요 대상이지만 알게 모르게 흔히 사용되고 있다. 우리말과 일본어의 올바른 사용을 위해 잘못된 표현을 살펴보자.

우리말 속 일본어	일본어 바른 표기	의미
기스	傷(きず)	상처, 흠집
나시(소데나시)	袖無(そでな)し	민소매
유도리	ゆとり	(공간, 시간, 정신, 체력적인) 여유
지라시	チラシ	전단지, 광고지
나가리	ながれ	무효, 허사, 중단
쓰키다시	つきだし	요리에서 처음에 내놓는 가벼운 안주
오뎅	おでん	어묵
야끼만두	焼(や)き餃子(ぎょうざ)	군만두
앗싸리	あっさり	산뜻하게, 담박하게, 시원스럽게
망년회	忘年会(ぼうねんかい)	송년 모임, 송년회
왔다리 갔다리	行(い)ったり来(き)たり	왔다갔다, 오거나 가거나
추리닝	トレーニング	연습복, 운동복
노가다	土方(どかた)	공사 현장 노동자, 막노동자
꼬붕	子分(こぶん) (↔ 親分(おやぶん))	부하, 수양아들 (↔ 두목, 우두머리)
신삥	新品(しんぴん)	신품, 신제품
만땅	満(まん)タン	가득, 가득 채움
입빠이	いっぱい	가득, 한 잔

NG! 만땅이요~

부록

1. 문법 요약 노트
2. 연습 문제 정답
3. 회화 해석
4. 색인

문법 요약 노트

동사 활용표

동사		연결 ~て ~하고 ~해서	과거 ~た ~했다	열거 ~たり ~하거나	허가 ~てもいいです ~해도 됩니다	금지 ~てはいけないです ~해서는 안 됩니다
1그룹	書く	書いて	書いた	書いたり	書いてもいいです	書いてはいけないです
	笑う	笑って	笑った	笑ったり	笑ってもいいです	笑ってはいけないです
	飲む	飲んで	飲んだ	飲んだり	飲んでもいいです	飲んではいけないです
	話す	話して	話した	話したり	話してもいいです	話してはいけないです
	行く	行って	行った	行ったり	行ってもいいです	行ってはいけないです
2그룹	見る	見て	見た	見たり	見てもいいです	見てはいけないです
	借りる	借りて	借りた	借りたり	借りてもいいです	借りてはいけないです
	食べる	食べて	食べた	食べたり	食べてもいいです	食べてはいけないです
	始める	始めて	始めた	始めたり	始めてもいいです	始めてはいけないです
3그룹	する	して	した	したり	してもいいです	してはいけないです
	来る	来て	来た	来たり	来てもいいです	来てはいけないです

동사		의뢰		가능	수동
		～てください	～ないでください	～れる・られる	～れる・られる
		～해 주세요	～지 말아 주세요	～할 수 있다	～되다, ～당하다
1그룹	書く	書いてください	書かないでください	書ける	書かれる
	笑う	笑ってください	笑わないでください	笑える	笑われる
	飲む	飲んでください	飲まないでください	飲める	飲まれる
	話す	話してください	話さないでください	話せる	話される
	行く	行ってください	行かないでください	行ける	行かれる
2그룹	見る	見てください	見ないでください	見られる	見られる
	借りる	借りてください	借りないでください	借りられる	借りられる
	食べる	食べてください	食べないでください	食べられる	食べられる
	始める	始めてください	始めないでください	始められる	始められる
3그룹	する	してください	しないでください	できる	される
	来る	来てください	来ないでください	来られる	来られる

연습 문제 정답

01

1.

① コーヒーが飲みたいです。
② 日本のアニメが見たいです。
③ 高校の友だちに会いたいです。

2.

① A: 何が買いたいですか。
　B: かばんが買いたいです。
② A: どこに行きたいですか。
　B: 京都に行きたいです。
③ A: 何が食べたいですか。
　B: たこ焼きが食べたいです。

3.

① だれか
② どこか
③ 何か

4.

① 冬休みに日本語を習うつもりです。
② おいしい寿司が食べたいです。
③ 日本人の友だちがほしいです。

02

1.

① A: テストは難しかったですか。
　B: 難しかったです。
② A: その人は背が高かったですか。
　B: 高くありませんでした。
③ A: パーティーは楽しかったですか。
　B: 楽しかったです。

2.

① A: その学生は真面目でしたか。
　B: 真面目でした。
② A: あの歌手は有名でしたか。
　B: 有名ではありませんでした。
③ A: 鈴木さんのお姉さんは元気でしたか。
　B: 元気でした。

3.

① A: 英語と日本語とどちらが難しいですか。
　B: 日本語(英語)より英語(日本語)の方が難しいです。
② A: 犬と猫とどちらが好きですか。
　B: 犬(猫)より猫(犬)の方が好きです。
③ A: 果物の中で何が一番好きですか。
　B: いちごが一番好きです。
④ A: 兄弟の中でだれが一番面白いですか。
　B: 妹が一番面白いです。

4.

① 昨日の天気は本当によかったです。
② その(あの)図書館はあまり静かではありませんでした。
③ 色の中で青色が一番好きです。

03

1.

기본형	ます접속	て접속
買う 사다	買います	買って
聞く 듣다, 묻다	聞きます	聞いて
話す 이야기하다	話します	話して
帰る 돌아가(오)다	帰ります	帰って
洗う 씻다	洗います	洗って
飛ぶ 날다	飛びます	飛んで
読む 읽다	読みます	読んで
乗る 타다	乗ります	乗って
遊ぶ 놀다	遊びます	遊んで
書く 쓰다, 적다	書きます	書いて
降る (비·눈) 내리다	降ります	降って
入る 들어가(오)다	入ります	入って
来る 오다	来ます	来て
立つ 서다	立ちます	立って
する 하다	します	して
会う 만나다	会います	会って
飲む 마시다	飲みます	飲んで
走る 달리다	走ります	走って
ある (사물·식물) 있다	あります	あって
いる (사람·동물) 있다	います	いて

연습 문제 정답

2.
① 図書館に行って、本を読んで、宿題をします。
② 友だちに会って、映画を見て、コーヒーを飲みます。
③ 家へ帰って、シャワーを浴びて、ご飯を食べます。

3.
① 食事をしてから買い物します。
② ジュースを飲んでから本を読みます。

4.
① ご飯をたくさん食べてお腹をこわしました。
② 風邪を引いて学校を休みました。
③ 歩いて駅まで行きました。

5.
① メールを読んでシャワーを浴びます。
② 熱が出て病院に行きました。
③ 地下鉄に乗ってソウル駅へ行きます。

04

1.
① コーヒーを飲んでいます。
② 友だちと話しています。
③ 日本語の復習をしています。

2.
① 窓が開いています。
② 眼鏡をかけています。
③ 帽子をかぶっています。

3.
① A: お母さんに似ていますか。
　B: 似ていません。
② A: 田中さんのメールアドレスを知っていますか。
　B: 知っています。
③ A: イさんは結婚していますか。
　B: 結婚しています。

4.
① 今、部屋で勉強しています。
② 毎日1時間ぐらい運動しています。
③ さくらの花が咲いています。

05

1.
① このコーヒーを飲んでもいいですか。
② 先に帰ってもいいですか。
③ コピー機を使ってもいいですか。

2.
① 寝る前にたくさん食べてはいけません。
② 図書館では大声で話してはいけません。
③ 夜更かししてはいけません。

3.
① ゆっくり休んでください。
② 自分で調べてみてください。
③ 2階に上がってください。

4.
① ここでタバコを吸ってもいいですか。
② ここは駐車禁止なので車を止めてはいけません。
③ 手をきれいに洗ってください。

06

1.
① 大阪でお好み焼きを食べたことがあります。
② 相撲を見たことがあります。
③ 日本の小説を読んだことがあります。

2.
① 掃除をしたり、洗濯をしたりします。
② お寺に行ったり、花見をしたりしました。
③ 海で泳いだり、おいしいものを食べたりしたいです。

3.
① マスクをしたほうがいいです。
② 早く謝ったほうがいいです。
③ 仲直りしたほうがいいです。

4.
① 一人でカラオケに行ったことがありますか。
② 友だちといっしょに映画を見たりお酒を飲んだりします。
③ 早く病院に行ったほうがいいです。

07

1.
① ごみを捨てないでください。
② 手で触らないでください。
③ だれにも言わないでください。

2.
① 無理して全部食べなくてもいいです。
② 今すぐ返事しなくてもいいです。
③ 今日は宿題を出さなくてもいいです。

3.
① タバコを吸わないほうがいいです。
② コーヒーを飲まないほうがいいです。
③ 無理をしないほうがいいです。

4.
① 明日は試験ですから遅刻しないでください。
② 冷たい飲み物はたくさん飲まないほうがいいです。
③ 今日は家に早く帰らなくてもいいです。

08

1.
① A: 料理をよく作る？
　B: 作る。
② A: キムさんは１年生？
　B: １年生じゃない。

연습 문제 정답

③ A: 今晩、暇？
　B: 暇じゃない。
④ A: 海の景色はきれいだった？
　B: きれいだった。
⑤ A: 週末は遊びに行った？
　B: 行かなかった。

2.
① 単語を全部覚えた
② 明日は雨だ
③ 店員はあまり親切じゃない
④ このかばんは高くない

3.
① 木曜日に食事の約束がある
② タバコをやめたい
③ 子どもの時はスポーツが好きじゃなかった

4.
① この単語を全部覚えるのは大変だと思います。
② 7時に会議が終わったと言っていました。
③ 明日はたぶん晴れるだろう。

09

1.

기본형	뜻	가능동사
会う	만나다	会える
書く	쓰다, 적다	書ける
話す	이야기하다	話せる
帰る	돌아가(오)다	帰れる
飲む	마시다	飲める
乗る	(교통 수단) 타다	乗れる
遊ぶ	놀다	遊べる
覚える	외우다, 기억하다	覚えられる
来る	오다	来られる
見る	보다	見られる

2.
① 何時間でも待てます。
② 図書館で本を借りられます。
③ 一人で行けます。

3.
① 単語の意味を辞書で調べることができます。
② 資料をコピーすることができます。
③ 急用ができて、一緒に昼ごはんを食べることができません。
④ そんな行動は許すことができません。

4.
① メールで送れますか。/
メールで送ることができますか。
② 今日は早く来られます。
③ 書くことはできますが、読むことはできません。/ 書けますが、読めません。

10

1.

기본형	뜻	수동형 〜れる(られる)
笑う	웃다	笑われる
怒る	화내다	怒られる
読む	읽다	読まれる
呼ぶ	부르다	呼ばれる
待つ	기다리다	待たれる
踏む	밟다	踏まれる
押す	누르다, 밀다	押される
開く	열다	開かれる
頼む	부탁하다	頼まれる
愛する	사랑하다	愛される

연습 문제 정답

2.
① ペットにパソコンを壊されました。
② 知らない人に道を聞かれました。
③ 木村さんにこの本を勧められました。

3.
① 友だちからもらったかばんを妹に持っていかれました。
② 木村さんに腕を叩かれました。
③ ハンさんはみんなに真面目な学生だと言われます。
④ 会社に遅刻して上司に怒られました。
⑤ 日本語能力試験(JLPT)は1年に2回行われます。

4.
① 蚊に刺されて薬を塗りました。
② 帰りが遅くて父に怒られました。
③ 弟にケータイを壊されました。

회화 해석

01 학교에서

홋카이도에 가고 싶습니다.

스즈키   김민수 씨, 여름 방학에 어딘가 가요?
김민수   네, 홋카이도에 갈 작정이에요.
스즈키   홋카이도에서 무엇을 하고 싶습니까?
김민수   우선, 라벤다를 보러 가고 싶어요. 그리고 하코다테의 야경도 보고 싶어요. 그 외에 무언가 추천할 것이 있습니까?
스즈키   글쎄요. 하코다테는 가이센동도 유명해요. 아주 맛있어요.
김민수   가이센동! 좋네요. 스즈키 씨도 같이 가지 않을래요?
스즈키   저는 여름 방학 때 아르바이트를 많이 할 작정이에요.
          새 컴퓨터를 갖고 싶어서요.

02 백화점에서

축구와 야구 중 어느 쪽을 좋아합니까?

박소윤   아까 가게 스파게티 어땠어요?
기무라   아주 맛있었어요. 점원도 친절했어요. 또 가고 싶네요.
박소윤   아, 저기에 모자 매장이 있네요. 좀 보지 않을래요?
기무라   좋아요. 와, 예쁜 모자가 가득 (있어요). 색도 디자인도 다양하네요. 하나 사고 싶습니다.
박소윤   어떤 색을 가장 좋아해요?
기무라   저는 파랑을 제일 좋아해요. 이 모자랑 저 모자, 어느 쪽이 저한테 어울려요?
박소윤   음~, 글쎄요. 저 모자 쪽이 좋아요.
기무라   그럼 저것으로 할게요.

03 강의실에서

친구와 만나서 영화를 봅니다.

사토   이우진 씨, 이번 토요일은 뭘 해요?
이우진   친구랑 만나서 백화점에서 쇼핑을 하고 영화를 볼 거예요.
사토   좋네요. 백화점까지는 무엇을 타고 가요?
이우진   가까워서 걸어 가요. 사토 씨는 토요일에 무엇을 해요?
사토   저는 요즘 바빠서 오랜만에 푹 쉴 생각이에요.
이우진   그래요? 다음 주에는 같이 식사라도 하지 않을래요?
사토   좋아요. 기대할게요.

04 공원에서

지금 무엇을 하고 있습니까?

한유나   이 공원은 꽃이 많이 피어 있어서 아주 예쁘네요.
다나카   네, 제가 좋아하는 공원이에요. 저는 매일 아침 여기에서 산책합니다. 오늘은 일요일이라 평소보다 사람이 많습니다.
한유나   아, 저 사람은 꽃 그림을 그리고 있네요.
다나카   정말. 꽤 잘 그리네요. 옆 사람은 꽃 사진을 찍고 있어요.
          모두 각자 즐기고 있네요.
          그런데 한유나 씨는 이 꽃 이름을 압니까?
한유나   물론이에요. 벚꽃이지요.
다나카   아니오, 틀렸습니다. 벚꽃이랑 비슷하지만 이것은 복숭아 꽃이에요.
          벚꽃보다 빨리 핍니다.
한유나   아~, 몰랐어요. 예쁘네요.

회화 해석

05 전시실에서

사진을 찍어도 됩니까?

박소윤 저, 여기에서 사진을 찍어도 됩니까?
직원 죄송하지만, 여기는 촬영 금지입니다. 제2전시실에는 사진을 찍어도 되는 공간과 작품이 있습니다.
박소윤 그래요? 감사합니다.
직원 하지만, 플래시는 쓰면 안되니까 주의해 주세요.
박소윤 알겠습니다. 제2전시실은 어디에 있습니까?
직원 2층입니다. 저쪽 계단을 이용해 주세요.
박소윤 네.

06 카페에서

오키나와에 간 적이 있습니까?

한유나 다나카 씨, 오키나와에 간 적이 있어요?
다나카 네, 여러 번 있어요.
한유나 와, 여러 번이나! 굉장하네요. 오키나와에 갔을 때 어떤 것을 했나요?
다나카 느긋하게 산책을 하거나 맛있는 것을 먹거나 했습니다.
한유나 좋네요. 오키나와의 먹거리는 어때요?
다나카 맛있는 것이 많이 있어요. 특히 오키나와 소바는 한번 먹어 보는 편이 좋아요. 처음 먹었을 때 맛있어서 감동했어요.
한유나 오~, 꼭 먹어 보고 싶어요. 다음에 같이 가서 오키나와를 안내해 주세요.

07 강의실에서

무리하지 마세요.

이우진 선생님, 죄송하지만 오늘은 돌아가도 됩니까?
선생님 무슨 일 있어요?
이우진 좀 몸 상태가 안 좋아서…. 실은 어제 창문을 닫지 않고 잠들어 버렸어요. 그래서 아침에 일어나고 나서 계속 머리가 아파서.
선생님 괜찮아요? 요즘은 독감이 유행하니까 병원에 가는 편이 좋겠어요.
이우진 네, 그렇게 하겠습니다. 그리고 내일 리포트 말인데요, 다음 주에 제출해도 될까요?
선생님 오늘은 무리하지 않는 편이 좋으니 다음 주에 제출해 주세요.
이우진 감사합니다.
선생님 몸조리 잘 하세요.

08 복도에서

맵지 않을 거라고 생각해.

기무라 오늘 수업은 끝났어?
이우진 응, 전부 끝났어. 오늘은 시험도 있어서 힘들었어. 기무라 군, 괜찮으면 지금부터 밥 먹으러 가지 않을래?
기무라 응, 좋아. 어디로 갈까?
이우진 학교 앞에 새로 생긴 가게는 어때? 친구가 맛있다고 했어.
기무라 어떤 메뉴인데? 난 매운 거 안 좋아해서….
이우진 일본 가정 요리 가게니까 어떤 메뉴도 맵지 않을 거라고 생각해.

09 도서관에서

어떤 외국어를 말할 수 있습니까?

한유나 저, 신입생인데요, 책은 어떻게 빌릴 수 있습니까?

직원 책과 학생증을 이쪽 카운터에 가지고 오세요. 기간은 기본 2주지만, 연장도 할 수 있습니다 (가능합니다).

한유나 저쪽 컴퓨터도 사용할 수 있습니까?

직원 네. 그리고 미디어실에서는 영화를 볼 수도 있습니다.
도서관 이용에 관한 자세한 안내는 이쪽 팸플릿에서도 확인할 수 있습니다. 여기요.

한유나 와, 스터디룸과 카페도 있군요.

직원 카페는 5시까지지만, 스터디룸은 밤 10시까지 사용할 수 있습니다.

한유나 알겠습니다. 여러 가지로 감사합니다.

10 학교 벤치에서

선생님에게 칭찬받았습니다.

사토 김민수 씨, 안색이 안 좋네요. 무슨 일 있나요?

김민수 오늘 아침 6시에 엄마가 깨워서 지금 너무 졸려요.

사토 어째서 그렇게 이른 시간에?

김민수 실은 어제, 늘 수업에 지각하는 것을 엄마가 알아서 굉장히 혼났어요.

사토 그건 어쩔 수 없군요.

김민수 하지만, 계속 너무 졸려서 수업 중에 멍해져 버렸어요. 그래서 선생님에게 몇 번이나 주의를 듣고 모두에게 비웃음을 당해서 무척 부끄러웠습니다.

사토 힘든 하루였네요. 오늘은 일찍 자요.

김민수 그러고 싶지만, 기무라 씨에게 식사 제안을 받아서 지금부터 만나러 갈 겁니다.

색인

あ

あいする (愛する)	114
アイロン	54
あう (会う)	35, 36
あえる (会える)	104
あお (青)	30, 32
あおいろ (青色)	29
あか (赤)	32
あかい (赤い)	25
あかしんごう (赤信号)	58
あがる (上がる)	61
あかるい (明るい)	100
あく (開く)	51
アクション	76
あさごはん (朝ごはん)	37
あし (足)	113
あそばない (遊ばない)	80
あそぶ (遊ぶ)	36, 38
あそべる (遊べる)	104
あそんだ (遊んだ)	68
あそんで (遊んで)	36
あたたかくなる (暖かくなる)	91
あたま (頭)	37, 88, 120
あたらしい (新しい)	14, 49
あちら	62
あっさり	121
あった (会った)	68
あって (会って)	36
アニメ	16, 64
あね (姉)	37
アパート	65
あびる (浴びる)	35
あぶない (危ない)	59, 82
あめ (雨)	70
あやまる (謝る)	73
あらう (洗う)	35
あるく (歩く)	35
あわない (会わない)	80
あんない (案内)	74, 108

い

い (胃)	88
〜い	92
いい	24
いう (言う)	83
いえ (家)	15
いく (行く)	14, 36
いけん (意見)	70
いざかや (居酒屋)	44
いし (石)	120
いそがしい (忙しい)	24, 42
いそぐ (急ぐ)	81
いたい (痛い)	37, 88
いちご	28
いちど (一度)	15, 47, 74
いちにち (一日)	118
いちばん (一番)	23
いつ	25
いつか	94
いっこだて (一戸建て)	65
いっしょに (一緒に)	15, 74
いった (行った)	68
いったりきたり (行ったり来たり)	121
いって (行って)	36
いっぱい	18, 121
いつも	52
〜いです	92
いま (今)	14
いまから (今から)	118
いみ (意味)	106
いもうと (妹)	28
いろ (色)	29, 32
いろいろ	30
いろいろな	70
いろとめそで (色留袖)	77
いろんな (色んな)	100
インターネット	72
インフルエンザ	86

う

ううん	93
うえ (上)	120
うかる (受かる)	35
うきよえ (浮世絵)	55
うそをつく	73
うたう (歌う)	64
〜うちに	70
うで (腕)	117
うどん	45
うみ (海)	72, 95
うめぼし (梅干)	89
うりば (売り場)	30
うれしい (嬉しい)	35
うん	93
うんてんする (運転する)	103
うんどう (運動)	64, 91
うんどうする (運動する)	48

え

え (絵)	47
えいが (映画)	15, 76
えいがかん (映画館)	44
えさ (餌)	54
えどじだい (江戸時代)	55
えんちょう (延長)	108

お

おいしい	24
おおい (多い)	52
おおくの (多くの)	113
おおごえ (大声)	57, 60
おおさか (大阪)	71
おおらかな	100
おかあさん (お母さん)	51
おきた (起きた)	68
おきて (起きて)	36

おきない (起きない)	80
おきなわ (沖縄)	67
おきなわそば (沖縄そば)	74
おきられる (起きられる)	104
おきる (起きる)	35, 36
おくる (送る)	106
おこす (起す)	118
おこなう (行う)	114
おこなわれる (行われる)	114
おこのみやき (お好み焼き)	71
おこる (怒る)	116
おさけ (お酒)	37
おしえる (教える)	58
おす (押す)	116
おすすめ	18
おせちりょうり (おせち料理)	111
おそい (遅い)	114
おぞうに (お雑煮)	111
おだいじに (お大事に)	86
おだやかな (穏やかな)	100
おちる (落ちる)	47
おてら (お寺)	72
おでん	121
おなか (お腹)	41, 88
おねえさん (お姉さん)	27
おぼえる (覚える)	96
おもい (重い)	120
おもいで (思い出)	105
おもしろい (面白い)	28
おやぶん (親分)	121
およいだ (泳いだ)	68
およいで (泳いで)	36
およがない (泳がない)	80
およぐ (泳ぐ)	36, 72
およげる (泳げる)	104
おる (折る)	38
おわる (終わる)	98
おわる (終わる)	97
おんせん (温泉)	49, 67

か

か (蚊)	117
かいぎ (会議)	70
がいこくご (外国語)	103
かいしょく (会食)	91
かいせんどん (海鮮丼)	18
かいそく (快速)	101
かいた (書いた)	68
かいだん (階段)	62
かいて (書いて)	36
かいもの (買い物)	54
かいものする (買い物する)	40
かう (買う)	30
かう (飼う)	115
カウンター	108
かえった (帰った)	68
かえって (帰って)	36
かえらない (帰らない)	80
かえり (帰り)	114
かえる (帰る)	36
かえる (蛙)	120
かえれる (帰れる)	104
かお (顔)	35, 120
かおいろ (顔色)	118
かかない (書かない)	80
かかれる (書かれる)	114
かく (描く)	47
かく (書く)	36, 58
かくえき (各駅)	101
がくせいしょう (学生証)	108
かくにん (確認)	38, 108
かくにんする (確認する)	15
かける	51, 54
かける (書ける)	104
かじ (家事)	54
かしゅ (歌手)	27
かぜ (風邪)	41
かぜぎみ (風邪気味)	88
かぞく (家族)	38
かたい (固い)	120
がっき (楽器)	103
がっこう (学校)	37
〜かった	92
〜かったです	92
かていりょうり (家庭料理)	98
カフェ	44, 105
かぶる	51
かまあげうどん	45
かみ (紙)	38
かむ (噛む)	115
〜から	42
カラオケ	73
からし	89
かりる (借りる)	106
かんがえる (考える)	82
かんこくりょうり (韓国料理)	49
かんさい (関西)	45
かんじ (漢字)	58, 103
かんしょう (鑑賞)	64
かんたんだ (簡単だ)	23
かんどう (感動)	74
かんとう (関東)	45
がんばる (頑ばる)	81
がんばる (頑張る)	59
かんようく (慣用句)	120

き

きいろ (黄色)	32
きいろい (黄色い)	25
きかい (機械)	59
きかん (期間)	108
きく (聞く)	69, 117
きず (傷)	121
きせつ (季節)	20, 25
きた (来た)	68
ぎっくりごし (ぎっくり腰)	88
きっと	59
きつねうどん	45

색인

きて (来て)	36
きにする (気にする)	81
きほん (基本)	108
キムチチゲ	105
きめる (決める)	82
きもの (着物)	77
きゅうこう (急行)	101
きゅうに (急に)	115
きゅうよう (急用)	106
きょうしつ (教室)	17
きょうだい (兄弟)	28
きょうと (京都)	16
きょねん (去年)	24
きる (着る)	48, 77
きれいだ	24
きれいに	48, 61
きをつける (気をつける)	59
ぎんこう (銀行)	44, 61
きんし (禁止)	57

く

～くありません	92
～くありませんでした	92
クールな	100
くすり (薬)	58, 117
くち (口)	120
ぐっすり	72
～くない	92
～くないです	92
～くなかった	92
～くなかったです	92
～ぐらい	47
クラス	23
くる (来る)	36
くるま (車)	57
くろ (黒)	32
くろとめそで (黒留袖)	77
くわしい (詳しい)	108

け

ゲーム	64
けさ (今朝)	118
けしき (景色)	95
げた (下駄)	77
けっこんする (結婚する)	49
けんか (喧嘩)	73
げんきだ (元気だ)	27
けんきょな	100
けんこう (健康)	84

こ

こ (子)	105, 120
こうえん (公園)	44, 52
こうこう (高校)	16
こうこうじだい (高校時代)	95
こうどう (行動)	106
コーヒー	16
こしょう (故障)	59
こと	47
ことし (今年)	49
ことわざ (諺)	120
こない (来ない)	80
ごはん (ご飯)	35
コピーき (コピー機)	60
こぶん (子分)	121
こまる (困る)	115
ゴミ	54
ごみ	81
コメディー	76
こられる (来られる)	104, 114
ゴルフ	110
こわす	41, 88, 113, 117
コンサート	94
こんど (今度)	42, 74
こんばん (今晩)	95
コンビニ	44

さ

さいきん (最近)	42
さいふ (財布)	47
さきに (先に)	60
さく (咲く)	48
さくひん (作品)	62
さくらぜんせん (桜前線)	21
さくらのはな (桜の花)	48
さぐりばし (探り箸)	33
さぐる	33
さじ	33
さしばし (刺し箸)	33
さす	33
さす (刺す)	117
さそう (誘う)	118
サッカー	23
さっき	30
さっぽろ (札幌)	69
さむい (寒い)	23
さらあらい (皿洗い)	54
される	114
さわがれる (騒がれる)	114
さわぐ (騒ぐ)	114
さわる (触る)	83
さんか (参加)	105
さんねん (三年)	120
さんぽ (散歩)	74
さんぽする (散歩する)	52

し

しかたない (仕方ない)	118
しかる (叱る)	114
じかん (時間)	14
しき (四季)	20
しききん (敷金)	65
しけん (試験)	24
しごと (仕事)	69, 113
じしょ (辞書)	106

した	68
じだいげき (時代劇)	76
しつもん (質問)	17
して	36
してつせん (私鉄線)	101
じてんしゃ (自転車)	105
しない	80
しなない (死なない)	80
しなれる (死なれる)	114
しぬ (死ぬ)	36
じぶんで (自分で)	61
ジム	91
じむしつ (事務室)	13
しめる (閉める)	86
〜じゃありません	92, 93
しゃしん (写真)	52, 64
シャツ	25
〜じゃない	92, 93
〜じゃなかった	92, 93
〜じゃなかったです	92, 93
シャワー	35
ジャンル	76
じゆう (自由)	14
しゅうかん (週間)	108
ジュース	40
しゅうちゅう (集中)	81
じゅうばこ (重箱)	111
しゅうまつ (週末)	15, 67
じゅぎょう (授業)	98
じゅぎょうちゅう (授業中)	118
しゅくだい (宿題)	40, 84
しゅみ　趣味	64
じょうし (上司)	117
じょうずだ (上手だ)	52
しょうせつ (小説)	71, 91
ジョギング	47
しょくじ (食事)	38, 97
しらべる (調べる)	61
しる (知る)	49

しろ (白)	32
しろい (白い)	48
しんせつだ (親切だ)	23
しんだ (死んだ)	68
しんで (死んで)	36
しんにゅうせい (新入生)	108
しんぴん (新品)	121

す

すいえい (水泳)	110
すいり (推理)	76
すう (吸う)	61, 79
スカート	48, 60
スキー	110
ずきずきする	88
すきだ (好きだ)	24
すぐ	82
すごい	74
すごく	52, 118
すこし (少し)	23, 103
すすめる (勧める)	117
スタディルーム	108
すっかり	115
ずっと	86
すてる (捨てる)	54, 81
スパゲッティ	30
スピーチたいかい (スピーチ大会)	113
スピードスケート	110
スペインご (スペイン語)	106
スペース	62
スポーツ	110
すむ (住む)	49
すもう (相撲)	71
する	14, 36
すわる (座る)	58

せ

せかいじゅう (世界中)	94
せがたかい (背が高い)	23
せき (席)	58
せき (咳)	73
ぜったい (絶対)	80
ぜひ	74
せんこう (専攻)	95
せんしゅう (先週)	26
ぜんぜん (全然)	79, 105
せんたく (洗濯)	54, 72
ぜんぶ (全部)	84

そ

そう	86
そうじ (掃除)	37, 72
そうじき (掃除機)	54
ぞうり (草履)	77
そうるえき (ソウル駅)	41
そだつ (育つ)	114
そでなし (袖無し)	121
それから	18, 86
それぞれ	52
それで	86
そんな	69
そんなに	81

た

〜た	92, 93
〜だ	93
タイ	69
だいじだ (大事だ)	115
だいじょうぶだ (大丈夫だ)	59
たいちょう (体調)	86, 88
だいどころ (台所)	48
だいに (第2)	62
タイプ	100
たかい (高い)	23, 96, 120
たく	54

색인

たくさん	60
たこ	120
たこやき (たこ焼き)	14
だす (出す)	15, 84
たたく (叩く)	117
たたれる (立たれる)	114
たつ (立つ)	39
〜だった	92, 93
たぬきうどん	45
たのしい (楽しい)	26, 95
たのしみにする (楽しみにする)	42
たのしむ (楽しむ)	52
たのむ (頼む)	113
タバコ	61, 79
たび (足袋)	77
たぶん	94
たべた (食べた)	68
たべて (食べて)	36
たべない (食べない)	80
たべもの (食べ物)	25
たべられる (食べられる)	104, 114
たべる (食べる)	14, 35, 36
たれ	89
だれか	13
だれか (誰か)	115
だれも	17
〜だろう	91
タワーマンション	65
たんご (単語)	96
たんじょうび (誕生日)	14

ち

ちかい (近い)	42
ちがう	52
ちかく (近く)	49
ちかてつ (地下鉄)	25
チケットうりば (チケット売り場)	61
ちこく (遅刻)	85
ちこくする (遅刻する)	117
ちち (父)	47
ちゃいろ (茶色)	32
チャレンジ	49
ちゅうい (注意)	62, 118
ちゅうしゃ (駐車)	57
ちょっと	57
ちらし (散らし)	121

つ

つうきん (通勤)	101
つうじる (通じる)	70
つかう (使う)	59
つかれる (疲れる)	37
つきだし	121
つきみ (月見)	20
つきみうどん	45
つくられる (作られる)	114
つくる (作る)	15, 54
つめたい (冷たい)	85
つもり	13
つゆ	20
つらら	20

て

て (手)	61, 83, 120
ていしゃ (停車)	101
ていしゅつ (提出)	86
できる	37, 98, 103, 104
できる	120
デザイン	30
〜でした	92, 93
〜です	92, 93
〜てしまう	73
テスト	23
てつどう (鉄道)	101
テニス	110
デパート	42, 44
〜ではありません	92, 93
〜ではありませんでした	92, 93
〜ではない	92, 93
〜ではなかった	92, 93
〜でも	42, 106
でる (出る)	41, 73
テレビ	67
てんいん (店員)	23
てんき (天気)	24, 57
てんきよほう (天気予報)	94
てんじしつ (展示室)	62
でんしゃ (電車)	101, 113
てんぷら	25
でんわばんごう (電話番号)	49

と

〜という (〜と言う)	91
どう	98
どうして	118
どうそうかい (同窓会)	105
どうでしたか	24
どうやったら	108
〜とおもう (〜と思う)	91
どかた (土方)	121
とき (時)	24
ドキュメンタリー	76
とくに (特に)	74
とけい (時計)	94
ところ (所)	82
ところで	52
とっきゅう (特急)	101
とても	23
とどうふけん (都道府県)	101
となり (隣)	113
とぶ (飛ぶ)	39
とめそで (留袖)	77
とめる (止める)	57
どようび (土曜日)	42

ドライブ	57	
ドラマ	76	
とる (撮る)	52, 64	
トレーニング	121	
どんな	74	

な

～ない	93
ない	120
ないよう (内容)	15
～なかった	93
～なかで (～中で)	24
なかなおり (仲直り)	73
ながれ	121
なつ (夏)	24
なっとう (納豆)	67, 89, 105
なつやすみ (夏休み)	17
なにで (何で)	42
なにも (何も)	14, 37, 103
なまえ (名前)	52
なまける (怠ける)	81
なみだ	33
なみだばし (涙箸)	33
ならう (習う)	17
なんども (何度も)	74

に

～にあう (～に会う)	16
にあう (似合う)	30
にかい (2階)	61
にがてだ (苦手だ)	98
～にかんする (～に関する)	108
にぎやかだ	27
にぎりばし (握り箸)	33
にぎる	33
にこみうどん	45
～にする	30
にちようび (日曜日)	15

～について	47
～にのる (～に乗る)	105
ニュース	94
～によって	115
にる (似る)	47

ぬ

ぬすむ (盗む)	115
ぬる (塗る)	117
ぬれる (濡れる)	115

ね

ねこ (猫)	120
ねた (寝た)	68
ねだん (値段)	23
ねつ (熱)	37, 58, 88
ネット	97
ねて (寝て)	36
ねない (寝ない)	80
ねぶりばし (ねぶり箸)	33
ねぶる	33
ねむい (眠い)	118
ねむすぎる (眠すぎる)	118
ねられる (寝られる)	104
ねる (寝る)	36

の

ノートパソコン	14
のど (喉)	88
のぼる (登る)	48
のみすぎる (飲みすぎる)	37
のみもの (飲み物)	85
のむ (飲む)	51
のんびり(と)	74

は

は (歯)	35, 88
パーティー	26
はいる (入る)	60
はく	48
はこだて (函館)	18
はし (箸)	33
はしおき (箸置)	33
はじめて (初めて)	70
ばしょ (場所)	44, 94
はしる (走る)	39
バス	25
はずかしい (恥ずかしい)	118
バスケットボール	110
パソコン	13
はな (鼻)	120
はな (花)	52
はなさない (話さない)	80
はなされる (話される)	114
はなし (話)	69
はなした (話した)	68
はなして (話して)	36
はなす (話す)	36, 51
はなせる (話せる)	104
バナナ	25
はなびたいかい (花火大会)	20
はなみ (花見)	20, 72
はなみだんご (花見団子)	21
はなみべんとう (花見弁当)	21
はは (母)	49
はやく (早く)	52
はやめに (早めに)	118
はやる (流行る)	86
はる (春)	28
はるかぜ (春風)	20
はれ (晴れ)	94
バレーボール	110
はれる (腫れる)	88
はれる (晴れる)	97
パンフレット	108

141

색인

ひ

ピアノ	103
ひく (引く)	41
ひく (弾く)	103
ひこうき (飛行機)	38
ひさしぶりに (久しぶりに)	42
ピザ	24
ひと (人)	49
ひとびと (人々)	113
ひとりで (一人で)	105
ひまだ (暇だ)	24, 95
ひやしうどん	45
びょういん (病院)	41
ひるごはん (昼ごはん)	14, 106
ひろい (広い)	94, 120
ピンク	32, 48
ファンタジー	76

ふ

ふく (服)	58
ふくしゅう (復習)	51
ふじさん (富士山)	69
ぶちょう (部長)	113
ふむ (踏む)	113
ふゆ (冬)	25
ふゆやすみ (冬休み)	15
ブラウス	48
フラッシュ	62
ふりそで (振袖)	77
ふる (降る)	39, 70
プレゼント	14

へ

ペット	54, 117
へや (部屋)	24
へやさがし (部屋探し)	65
べんきょう (勉強)	13
へんじ (返事)	84
べんりだ (便利だ)	25

ほ

～ほう (～方)	25
ぼうし (帽子)	30, 51
ぼうねんかい (忘年会)	121
ぼーっとする	118
ほか	23, 59
ほしい	14
ほっかいどう (北海道)	13
ほめる	113
ホラー	76
ほんとうだ (本当だ)	52
ほんや (本屋)	23

ま

まいあさ (毎朝)	47
まいしゅう (毎週)	48
まいとし (毎年)	48
まいにち (毎日)	48, 91
まいばん (毎晩)	38
マイペースな	100
まえに (前に)	60
マグカップ	115
～ました	93
まじめだ (真面目だ)	27
～ます	93
マスク	73
～ません	93
～ませんでした	93
まだ	49
またない (待たない)	80
まち (街)	27
まつ (待つ)	36, 106
まっすぐ	61
まった (待った)	68
まって (待って)	36
まてる (待てる)	104
まど (窓)	51, 86
マナー	33
まにあう (間に合う)	94
まよいばし (迷い箸)	33
まよう	33
マラソン	110
まんいん (満員)	113
まんが (漫画)	28
マンション	65
まんたん (満タン)	121

み

みがく (磨く)	35
みず (水)	60
みせ (店)	23
みそラーメン	25
みた (見た)	68
みち (道)	61, 117
みて (見て)	36
みどり (緑)	32
みない (見ない)	80
みみ (耳)	120
ミュージカル	76
みられる (見られる)	104, 114
みる (見る)	15, 36
みんな	52

む

むずかしい (難しい)	24
むらさき (紫)	32
むり (無理)	79

め

め (目)	120
メール	38
メールアドレス	51

めがね (眼鏡) 51	ゆうべ (夕べ) 115	りょうしん (両親) 114
めずらしい (珍しい) 105	ゆうめいだ (有名だ) 27	りょうり (料理) 15, 64
メディアしつ (メディア室) 108	ユーモア 100	りょこう (旅行) 15, 64, 67
	ゆかた (浴衣) 77	りんご 25
も	ゆきだるま (雪だるま) 20	
	ゆっくり 15, 42	**れ**
もう 15	ゆとり 121	
もくようび (木曜日) 97	ゆるす (許す) 106	れいきん (礼金) 65
もたれる 88		レシピ 15
もちろん 52	**よ**	レストラン 24
もつ (持つ) 108		レポート 15
もっと 52	よい 24	れんらくさき (連絡先) 58
もの (物) 77	よかったら 98	
もみじがり (紅葉狩り) 20	よく 59	**わ**
モモ 52	よくない 84	
もんだい (問題) 61	よくわかりません 17	わかる 61
	よざくら (夜桜) 21	わすれる (忘れる) 80
や	よせばし (寄せ箸) 33	わたしばし (渡箸) 33
	よばれる (呼ばれる) 114	わたす 33
やきうどん 45	よぶ (呼ぶ) 114	わたる (渡る) 58
やきぎょうざ (焼き餃子) 121	よふかしする (夜更かしする) 60	わらう (笑う) 116
やきにく (焼き肉) 14	よまない (読まない) 80	わる (割る) 115
やきゅう (野球) 23	よまれる (読まれる) 114	わるい (悪い) 86
やくそく (約束) 80	よむ (読む) 36, 51	
やけい (夜景) 18	よめる (読める) 104	
やけど (火傷) 88	よやく (予約) 82	
やすみ (休み) 59	～より 23	
やすむ (休む) 15, 59	よんだ (読んだ) 68	
やせる 48	よんで (読んで) 36	
やちん　家賃 65		
やっきょく (薬局) 44	**ら**	
やま (山) 48		
やまのぼり (山登り) 64	らいしゅう (来週) 42, 86	
やめる 97	ラグビー 110	
やる 54	ラブロマンス 76	
	ラベンダー 18	
ゆ		
	り	
ゆうしょうする (優勝する) 113		
ゆうびんきょく (郵便局) 44	りよう (利用) 59	

143

저자	
고은숙	한국외국어대학교 대학원 일어일문학과 문학박사. 일본어학 전공
백이연	일본 お茶の水女子大学 人間文化研究科 문학박사. 일본어교육 전공
유혜경	고려대학교 대학원 비교문학 비교문화 협동 문학박사. 한일비교문학 전공
스미유리카(角ゆりか)	한국외국어대학교 대학원 일어일문학과 언어학박사. 일본어학 전공

야심만만 **일본어 기초** 다지기
야루키 만만 STEP 2

초판 발행	2021년 1월 15일
1판 3쇄	2024년 8월 9일
저자	고은숙, 백이연, 유혜경, 스미유리카(角ゆりか)
책임 편집	조은형, 김성은, 오은정, 무라야마 토시오
펴낸이	엄태상
디자인	공소라
조판	이서영
콘텐츠 제작	김선웅, 장형진
마케팅	이승욱, 왕성석, 노원준, 조성민, 이선민
경영기획	조성근, 최성훈, 김다미, 최수진, 오희연
물류	정종진, 윤덕현, 신승진, 구윤주
펴낸곳	시사일본어사(시사북스)
주소	서울시 종로구 자하문로 300 시사빌딩
주문 및 교재 문의	1588-1582
팩스	0502-989-9592
홈페이지	www.sisabooks.com
이메일	book_japanese@sisadream.com
등록일자	1977년 12월 24일
등록번호	제 300-2014-92호

ISBN 978-89-402-9307-2 (14730)
　　　 978-89-402-9305-8 (set)

＊ 이 책의 내용을 사전 허가 없이 전재하거나 복제할 경우 법적인 제재를 받게 됨을 알려 드립니다.
＊ 잘못된 책은 구입하신 서점에서 교환해 드립니다.
＊ 정가는 표지에 표시되어 있습니다.

야심만만 일본어 기초 다지기

야루키 만만
쓰기노트

STEP 2

시사일본어사

야심만만 **일본어 기초** 다지기

시사일본어사

01 北海道に行きたいです。
ほっかいどう い

홋카이도에 가고 싶습니다.

○ 한자

| 家 いえ 집 | 家 | 家 | | |

| 事務室 じむしつ 사무실 | 事務室 | 事務室 | | |

| 焼き肉 やきにく 야키니쿠 | 焼き肉 | 焼き肉 | | |

| 日曜日 にちようび 일요일 | 日曜日 | 日曜日 | | |

| 夏 なつ 여름 | 夏 | 夏 | | |

| 冬休み ふゆやすみ 겨울 방학 | 冬休み | 冬休み | | |

漢字				
手 て 손	手	手		
旅行 りょこう 여행	旅行	旅行		
自由 じゆう 자유	自由	自由		
一緒に いっしょに 함께	一緒に	一緒に		
一度 いちど 한번	一度	一度		
高校 こうこう 고등학교	高校	高校		

01 北海道に行きたいです。
ほっかいどう い

홋카이도에 가고 싶습니다.

○ 한자

質問 しつもん 질문	質問	質問		
内容 ないよう 내용	内容	内容		
確認 かくにん 확인	確認	確認		
休む やすむ 쉬다	休む	休む		
洗う あらう 씻다	洗う	洗う		
出す だす 내다	出す	出す		

習う ならう 배우다	習う	習う		
有名 ゆうめい 유명	有名	有名		
夜景 やけい 야경	夜景	夜景		
花見 はなみ 꽃구경	花見	花見		
花火 はなび 불꽃	花火	花火		
四季 しき 사계절	四季	四季		

02 サッカーと野球とどちらが好きですか。

축구와 야구 중 어느 쪽을 좋아합니까?

○ 한자

한자		
誰 だれ / 누구	誰	誰
値段 ねだん / 가격	値段	値段
簡単 かんたん / 간단	簡単	簡単
野球 やきゅう / 야구	野球	野球
一番 いちばん / 가장, 제일	一番	一番
背 せ / 키	背	背

去年 きょねん 작년	去年	去年		
難しい むずかしい 어렵다	難しい	難しい		
方 ほう 쪽, 편	方	方		
先週 せんしゅう 지난주	先週	先週		
街 まち 거리	街	街		
春 はる 봄	春	春		

02 サッカーと野球とどちらが好きですか。
축구와 야구 중 어느 쪽을 좋아합니까?

○ 한자

한자		
兄弟 きょうだい 형제	兄弟	兄弟
帽子 ぼうし 모자	帽子	帽子
売り場 うりば 매장	売り場	売り場
似合う にあう 어울리다	似合う	似合う
買う かう 사다	買う	買う
赤 あか 빨강	赤	赤

漢字				
青 あお 파랑	青	青		
緑 みどり 녹색	緑	緑		
黄色 きいろ 노란색	黄色	黄色		
茶色 ちゃいろ 갈색	茶色	茶色		
白 しろ 흰색	白	白		
黒 くろ 검정색	黒	黒		

03 友(とも)だちと会(あ)って映画(えいが)を見(み)ます。

친구와 만나서 영화를 봅니다.

○ 한자

歯 は 치아	歯	歯		
熱 ねつ 열	熱	熱		
酒 さけ 술	酒	酒		
頭 あたま 머리	頭	頭		
紙 かみ 종이	紙	紙		
毎晩 まいばん 매일 밤	毎晩	毎晩		

漢字				
家族 かぞく 가족	家族	家族		
飛行機 ひこうき 비행기	飛行機	飛行機		
起きる おきる 일어나다	起きる	起きる		
会う あう 만나다	会う	会う		
受かる うかる 합격하다	受かる	受かる		
歩く あるく 걷다	歩く	歩く		

03 友(とも)だちと会(あ)って映画(えいが)を見(み)ます。
친구와 만나서 영화를 봅니다.

◯ 한자

| 浴びる
あびる
뒤집어쓰다 | 浴びる | 浴びる | | |

| 折る
おる
접다 | 折る | 折る | | |

| 遊ぶ
あそぶ
놀다 | 遊ぶ | 遊ぶ | | |

| 読む
よむ
읽다 | 読む | 読む | | |

| 乗る
のる
타다 | 乗る | 乗る | | |

| 書く
かく
쓰다, 적다 | 書く | 書く | | |

漢字	1	2	3	4
痛い いたい 아프다	痛い	痛い		
宿題 しゅくだい 숙제	宿題	宿題		
病院 びょういん 병원	病院	病院		
最近 さいきん 최근, 요즘	最近	最近		
薬局 やっきょく 약국	薬局	薬局		
銀行 ぎんこう 은행	銀行	銀行		

04 今、何をしていますか。
いま なに

지금 무엇을 하고 있습니까?

○ 한자

絵 え 그림	絵	絵		
台所 だいどころ 부엌	台所	台所		
毎日 まいにち 매일	毎日	毎日		
山 やま 산	山	山		
財布 さいふ 지갑	財布	財布		
描く かく 그리다	描く	描く		

落ちる　おちる　떨어지다	落ちる	落ちる		
考える　かんがえる　생각하다	考える	考える		
登る　のぼる　오르다	登る	登る		
咲く　さく　(꽃이) 피다	咲く	咲く		
着る　きる　입다	着る	着る		
住む　すむ　살다	住む	住む		

04 今、何をしていますか。
지금 무엇을 하고 있습니까?

○ **한자**

知る (しる) — 알다	知る	知る		
開く (あく) — 열리다	開く	開く		
捨てる (すてる) — 버리다	捨てる	捨てる		
毎年 (まいとし) — 매년, 해마다	毎年	毎年		
結婚 (けっこん) — 결혼	結婚	結婚		
番号 (ばんごう) — 번호	番号	番号		

漢字				
温泉 おんせん 온천	温泉	温泉		
復習 ふくしゅう 복습	復習	復習		
窓 まど 창문	窓	窓		
名前 なまえ 이름	名前	名前		
掃除機 そうじき 청소기	掃除機	掃除機		
洗濯 せんたく 세탁	洗濯	洗濯		

05 写真を撮ってもいいですか。
사진을 찍어도 됩니까?

○ 한자

写真 しゃしん 사진	写真	写真		
撮る とる (사진을) 찍다	撮る	撮る		
駐車 ちゅうしゃ 주차	駐車	駐車		
禁止 きんし 금지	禁止	禁止		
車 くるま 차	車	車		
席 せき 자리, 좌석	席	席		

漢字		
服 ふく 옷	服	服
連絡先 れんらくさき 연락처	連絡先	連絡先
止める とめる 세우다	止める	止める
座る すわる 앉다	座る	座る
渡る わたる 건너다	渡る	渡る
調べる しらべる 조사하다	調べる	調べる

05 写真を撮ってもいいですか。
しゃしん / と

사진을 찍어도 됩니까?

○ 한자

危ない あぶない 위험하다	危ない	危ない		
利用 りよう 이용	利用	利用		
故障 こしょう 고장	故障	故障		
先に さきに 먼저	先に	先に		
水 みず 물	水	水		
大声 おおごえ 큰 소리	大声	大声		

夜更かし よふかし 밤늦게까지 안 잠	夜更かし	夜更かし		
問題 もんだい 문제	問題	問題		
自分で じぶんで 스스로	自分で	自分で		
作品 さくひん 작품	作品	作品		
注意 ちゅうい 주의	注意	注意		
階段 かいだん 계단	階段	階段		

06 沖縄に行ったことがありますか。
오키나와에 간 적이 있습니까?

〇 한자

薬 くすり 약	薬	薬		
仕事 しごと 일	仕事	仕事		
話 はなし 이야기	話	話		
意見 いけん 의견	意見	意見		
会議 かいぎ 회의	会議	会議		
小説 しょうせつ 소설	小説	小説		

漢字				
お寺　おてら　절	お寺	お寺		
海　うみ　바다	海	海		
早く　はやく　빨리	早く	早く		
初めて　はじめて　처음(으로)	初めて	初めて		
通じる　つうじる　통하다	通じる	通じる		
降る　ふる　(눈·비가) 내리다	降る	降る		

06 沖縄に行ったことがありますか。

오키나와에 간 적이 있습니까?

○ 한자

| 泳ぐ
およぐ
헤엄치다 | 泳ぐ | 泳ぐ | | |

| 出る
でる
나다, 나오다 | 出る | 出る | | |

| 謝る
あやまる
사과하다 | 謝る | 謝る | | |

| 仲直り
なかなおり
화해 | 仲直り | 仲直り | | |

| 何度
なんど
몇 번, 여러 번 | 何度 | 何度 | | |

| 特に
とくに
특히 | 特に | 特に | | |

感動 かんどう 감동	感動	感動		
今度 こんど 이번, 다음 번	今度	今度		
案内 あんない 안내	案内	案内		
咳 せき 기침	咳	咳		
時代 じだい 시대	時代	時代		
着物 きもの (의복)기모노	着物	着物		

07 無理しないでください。
무리하지 마세요.

○ **한자**

全然 ぜんぜん 전혀	全然	全然		
無理 むり 무리	無理	無理		
約束 やくそく 약속	約束	約束		
絶対 ぜったい 절대	絶対	絶対		
試験 しけん 시험	試験	試験		
集中 しゅうちゅう 집중	集中	集中		

単語				
予約 よやく 예약	予約	予約		
吸う すう 빨다, 피우다	吸う	吸う		
忘れる わすれる 잊다	忘れる	忘れる		
急ぐ いそぐ 서두르다	急ぐ	急ぐ		
決める きめる 결정하다	決める	決める		
言う いう 말하다	言う	言う		

07 無理しないでください。
무리하지 마세요.

○ 한자

大丈夫だ だいじょうぶ 괜찮다	大丈夫だ	大丈夫だ		
所 ところ 곳, 장소	所	所		
お風呂 おふろ 목욕, 욕실	お風呂	お風呂		
返事 へんじ 대답	返事	返事		
健康 けんこう 건강	健康	健康		
遅刻 ちこく 지각	遅刻	遅刻		

冷たい つめたい 차갑다	冷たい	冷たい		
悪い わるい 나쁘다	悪い	悪い		
体調 たいちょう 몸 상태, 컨디션	体調	体調		
飲み物 のみもの 음료, 마실 것	飲み物	飲み物		
提出 ていしゅつ 제출	提出	提出		
お腹 おなか (신체)배	お腹	お腹		

08 辛くないと思う。

맵지 않을 거라고 생각해.

○ **한자**

会食 かいしょく 회식	会食	会食		
場所 ばしょ 장소	場所	場所		
予報 よほう 예보	予報	予報		
晴れ はれ 맑음	晴れ	晴れ		
世界中 せかいじゅう 전세계	世界中	世界中		
専攻 せんこう 전공	専攻	専攻		

今晩 こんばん 오늘 밤	今晩	今晩		
景色 けしき 경치	景色	景色		
単語 たんご 단어	単語	単語		
店員 てんいん 점원	店員	店員		
時 とき 때, 시	時	時		
授業 じゅぎょう 수업	授業	授業		

08 辛くないと思う。

맵지 않을 거라고 생각해.

○ 한자

| 家庭 かてい / 가정 | 家庭 | 家庭 | | |

| 電車 でんしゃ / 전철 | 電車 | 電車 | | |

| 木曜日 もくようび / 목요일 | 木曜日 | 木曜日 | | |

| 暖かい あたたかい / 따뜻하다 | 暖かい | 暖かい | | |

| 明るい あかるい / 밝다 | 明るい | 明るい | | |

| 暇だ ひまだ / 한가하다 | 暇だ | 暇だ | | |

大変だ たいへんだ 힘들다, 큰일이다	大変だ	大変だ		
苦手だ にがてだ 서투르다, 거북하다	苦手だ	苦手だ		
穏やかだ おだやかだ 온화하다	穏やかだ	穏やかだ		
間に合う まにあう 시간에 대다(맞추다)	間に合う	間に合う		
覚える おぼえる 외우다, 기억하다	覚える	覚える		
終わる おわる 끝나다	終わる	終わる		

09 どんな外国語が話せますか。
어떤 외국어를 말할 수 있습니까?

○ 한자

外国語 (がいこくご) 외국어	外国語　外国語
少し (すこし) 조금	少し　少し
楽器 (がっき) 악기	楽器　楽器
運転 (うんてん) 운전	運転　運転
思い出 (おもいで) 추억	思い出　思い出
同窓会 (どうそうかい) 동창회	同窓会　同窓会

漢字				
参加 さんか 참가	参加	参加		
子 こ 아이	子	子		
意味 いみ 의미	意味	意味		
辞書 じしょ 사전	辞書	辞書		
急用 きゅうよう 급한 용무	急用	急用		
自転車 じてんしゃ 자전거	自転車	自転車		

09 どんな外国語が話せますか。
어떤 외국어를 말할 수 있습니까?

○ 한자

行動 こうどう 행동	行動	行動		
期間 きかん 기간	期間	期間		
基本 きほん 기본	基本	基本		
延長 えんちょう 연장	延長	延長		
珍しい めずらしい 진귀하다, 드물다	珍しい	珍しい		
詳しい くわしい 상세하다	詳しい	詳しい		

弾く ひく (악기를) 치다, 켜다	弾く	弾く		
待つ まつ 기다리다	待つ	待つ		
借りる かりる 빌리다	借りる	借りる		
許す ゆるす 허락하다, 용서하다	許す	許す		
送る おくる 보내다	送る	送る		
持つ もつ 가지다, 들다	持つ	持つ		

10 先生にほめられました。
せんせい

선생님에게 칭찬 받았습니다.

○ 한자

優勝 ゆうしょう 우승	優勝	優勝		
部長 ぶちょう 부장(님)	部長	部長		
足 あし 발	足	足		
多く おおく 많이	多く	多く		
帰り かえり 귀가	帰り	帰り		
道 みち 길	道	道		

漢字				
上司 じょうし 상사	上司	上司		
顔色 かおいろ 안색	顔色	顔色		
今朝 けさ 오늘 아침	今朝	今朝		
両親 りょうしん 부모님	両親	両親		
頼む たのむ 부탁하다	頼む	頼む		
踏む ふむ 밟다	踏む	踏む		

10 先生にほめられました。
せんせい

선생님에게 칭찬 받았습니다.

○ 한자

| 遅い
おそい
느리다, 늦다 | 遅い | 遅い | | |

| 大事だ
だいじだ
소중하다 | 大事だ | 大事だ | | |

| 急に
きゅうに
갑자기 | 急に | 急に | | |

| 呼ぶ
よぶ
부르다 | 呼ぶ | 呼ぶ | | |

| 愛する
あいする
사랑하다 | 愛する | 愛する | | |

| 育つ
そだつ
자라다, 성장하다 | 育つ | 育つ | | |

騒ぐ さわぐ 떠들다	騒ぐ	騒ぐ		
濡れる ぬれる 젖다	濡れる	濡れる		
困る こまる 곤란하다	困る	困る		
割る わる 깨뜨리다	割る	割る		
勧める すすめる 권하다, 권장하다	勧める	勧める		
誘う さそう 권유하다, 청하다	誘う	誘う		

★ memo ★